世界华人

弟子规

王汉卫　苏印霞　编著

苏印霞　译

暨南大学出版社
JINAN UNIVERSITY PRESS

中国·广州

图书在版编目（CIP）数据

世界华人弟子规/ 王汉卫，苏印霞编著；苏印霞译. —广州：暨南大学出版社，2018.4

ISBN 978 - 7 - 5668 - 2344 - 1

Ⅰ.①世…　Ⅱ.①王…②苏…③苏…　Ⅲ.①汉语—对外汉语教学—语言读物②古汉语—启蒙读物　Ⅳ.①H195.5②H194.1

中国版本图书馆 CIP 数据核字（2018）第 049359 号

世界华人弟子规

SHIJIE HUAREN DIZIGUI

编著者：王汉卫　苏印霞　译　者：苏印霞

∙∙

出 版 人：徐义雄
策划编辑：杜小陆　刘　晶
责任编辑：杜小陆　高　婷
责任校对：苏　洁
责任印制：汤慧君　周一丹

出版发行：暨南大学出版社（510630）
电　　话：总编室（8620）85221601
　　　　　营销部（8620）85225284　85228291　85228292（邮购）
传　　真：（8620）85221583（办公室）　85223774（营销部）
网　　址：http://www.jnupress.com
排　　版：广州良弓广告有限公司
印　　刷：佛山市浩文彩色印刷有限公司
开　　本：787mm×960mm　1/16
印　　张：11.5
字　　数：216 千
版　　次：2018 年 4 月第 1 版
印　　次：2018 年 4 月第 1 次
定　　价：68.00 元

（暨大版图书如有印装质量问题，请与出版社总编室联系调换）

目录

仇十洲畫
文徵明書
聖績圖

序　一

　　华文教育中，有关民族文化传统的教学一直是业内人士十分重视的问题，但似乎一直没有引起充分的关注和研讨，哪怕是阶段性的。传统文化本身即广博深邃，而华文教育在与汉语教学貌似合流的情况下，教学体系中如何安放之，的确较易产生困惑；甚至一度，华教界本身也曾有过华文教育之"华"是"华文"还是"华语"的不同观点。而更加棘手的是教学实践如何开展，不利因素诸如，有限的课时，不够理想甚至不太专业的师资，汉语水平不高、对中华文化知之甚少的学生，主流文化包围的环境，全球移民背景下不断变化的华人社会，愈加多样的华教形态，以及各国国情、语言文化政策及对华关系的差异与变化等，凡此种种，都给发源于传统语文教学的海外华教在民族文化的教育目标、内容和方法上的确定和施行带来不小的挑战。

　　可喜的是，近年来民族文化对于华文教育的特征标识作用越来越明显。实际上，对于民族文化教育的必要性和重要性，"讨论"更多集中于国内，且常常与对外汉语教学相纠结，而海外华教从业者对此从未怀疑过，尽管形式不同，效果不同，但他们一以贯之的坚持令我们感动。只是，面对精妙万端的"文化"，有效可行的教学途径与方法至关重要。文化的滋养可令人受益终生，成效却不是朝夕可见，尤其是在当下，学生汲取的民族文化不会即时转化为技能与财富，而民族意识的自觉需要一定的年龄与阅历。多年前，一位海外华文教师这样说：譬如胡萝卜很有营养，但是小朋友不喜欢，我们最需要的是知道如何烹调才能让小朋友爱吃。

　　读《世界华人弟子规》，即觉面对一盘美味与营养兼具且形态美好的佳肴。

　　我们教授传统文化，重温经典，不仅仅是为了再现曾经的温雅睿智，更是为了探究先人的精神世界与道德追求，致力于让它们在现代文明社会中，于海外华裔青少年心中开花结果。《弟子规》被很多华文学校引为文化教材，《世界华人弟子规》则对其进行删改解说，从篇章体例、内容择取乃至形式编排上着力甚多，使之迎合华裔儿童中文阅读和文化学习的需要。明确读者为十岁左右的华裔儿童，且顾及了身边父母师长引导解说的作用和需求，这正是海外华文教育的主要对象及其学习特点，编撰者对海外华教的深刻了解与关怀由之可见。

　　"深入浅出"是华文教育中文化教学必须遵循的基本原则之一，"深入"是指我们所讲授的文化内涵的深刻，"浅出"则不仅仅是一般意义上的教法问题，还有学生的中文水平问题。教学目标高远与教学对象语言文化基础薄弱之矛盾是文化教师必然面对的挑战。作为同道，我深知此中不易。本书即《弟子规》精神旨趣的形象化易读文本，通篇满溢童心童言，讲古说今，平易亲切，犹如父母稚子对谈，与现实生活的契合令人莞尔。汉卫教授多年来教学相长，潜心研究，故能达此境界。倾力倾情，其苦乐甘辛，令人赞佩。

汉卫教授勤力于华文教育的教学与研究，孜孜矻矻，成就斐然。我们相识多年，时相过从。《世界华人弟子规》书成，嘱我作序，不免汗颜。汉卫教授个性耿直倔强而不失可爱，书中，煌煌大道得以娓娓道来，恰文如其人。剪烛夜读，如对良友。点滴心得，谨记之，以向汉卫教授致敬。

李嘉郁

2017 年 5 月

序　二

少年儿童之培养，不应仅着眼于孩子们体能的训练和智慧的启迪，还应当特别关注对幼小心灵的美德教育。只有这样，一棵棵幼苗才会在家长和老师的循循引导下健康茁壮地成长，慢慢被培养成既有知识才华又具备道德修养的社会公民，富有爱心善心和责任感，成长为家庭、社区、社会乃至民族的有用之才。这自然是每个民族都不可须臾忽略的最为重要的系统工程，因为它关乎着一个民族的未来。

《世界华人弟子规》的意义，绝不仅仅在于它为"少儿启蒙课本"这个大花园贡献了一朵美丽的鲜花，而更应当置于当代中国社会和知识界几十年来一直争论不休的有关传统与现代、国学与西学这一文化论争大背景中来理解。在古老的中华文明快步走向当代文明的过程中，传统的东西是否还有价值？也许，丘吉尔这位"二战"时期著名的英国首相的看法会对我们有所启发。他是这样说的："对自己民族文化传统的热爱，还从未导致过一个民族的衰弱；相反，这只会使一个伟大的民族变得更为强大。"名人所言，道出了文化传承的真谛。其道理，反过来说也同样不无道理，即：一个民族，若不去尊重和热爱自己文化中的优良传统，这个民族就会走向衰弱，而不会变得更为强大。我觉得，《世界华人弟子规》的意义正在于它的桥梁作用，一座引导今天的海外少年儿童了解和学习祖裔文化传统的便捷的桥梁。

文化自信和身份认同，往往是许多海外华裔子弟经常感到困惑的问题，因此也是华裔子弟教育者们包括华裔家长们所共同关心并经常探讨的话题。过去的几十年来，海外华人社区在开办中文学校、鼓励孩子们学习汉语方面的努力和成就确实令人鼓舞。然而，如何把语言习得与文化传统教育以及少儿品德教育这几个方面有机地融合起来，这方面还没有找到一个理想的途径。《世界华人弟子规》的面世，为海外从事华裔儿童教育的教师和家长们在这方面的探索提供了一个值得尝试的方案。这个启蒙课本的谋篇布局，兼顾了对学习者的汉语语言教学和中华文化传统思想之教导这两个教学目标，以此为教材，或可以达到事半功倍的教学效果，值得尝试。

传统文化距离当今社会似乎十分遥远，但一个民族的文化传统却是点点滴滴地溶于人们日常生活的每一个时代。传统文化或是文化传统，并非都是精华，所以在文化传统的传承过程中如何选择那些可以视为文化遗产之精华的东西，并以适合于当今时代人们可接受的方式来传播弘扬，这是能否有效实施文化传承的关键。与其他许多传统文化启蒙课本相比，《世界华人弟子规》的编撰理念更为明显地体现出两位学者"批判地继承"这一原则，其作品不是墨守成规地逐字照搬照抄《弟子规》这部几百年前的儒家蒙学经典，而是融入了编者们对当今时代特点和学习者特殊性的思考。无论是对《弟子规》原文字句的适当删改，还是在每个篇章经文导读之后配以小故事的安排，或是阅读经文或小故事之后所提供的字词的解释，还有经文导读的英文翻译，特别是每篇经文和小故事之后引导孩子们讨论的既有趣又有意义的话题，《世界华人弟子规》都体现了时代精神、人文情怀，以当代话语讲述传统理念的精华，这一点也非常值得称赞，细细读来，不由对两位学者充满人文情怀的初衷和巧妙的设计思路而肃然起敬。这本教材，寓中华传统道德之精华于当代社会生活语境之中，寓教于乐，文思并重，实乃我国近年出版的针对少年儿童传统美德教育启蒙书籍中值得称颂的一个范本。

在海外生活多年并一直从事高等教育工作，所以经常会有华裔朋友告诉我一些华裔孩子学习中文过程中的一些有趣故事。例如，一位在华人中文学校志愿教书的老师告诉我，在一次课上，她讲了"孔融让梨"的故事，然后让孩子们讨论孔融为什么会先把个头大的梨子让给别的孩子们吃，却把个头小的梨子留给自己。本来期待学生们会赞颂孔融先人后己这种谦让的品格，结果呢，有的孩子却曲解了故事的寓意，竟然回答说："那是因为个头小的梨子更甜呗！"这个经历虽然好笑，却说明了一个特别重要的问题：海外生活的华裔子弟的特殊性，而这种特殊性源于他们所生活的社会文化环境，其价值观和思维角度都与在中国成长的孩子们不同。这就涉及另一个关键的问题：如何从跨文化交际的角度来设计和传授中华文化的优良传统，从而使华裔子弟能够理解、敬慕，并愿意在自己的行为中体现那些值得传承的中华传统美德呢？毫无疑问，这是一个艰巨的任务，是一项涉及许多方面的系统工程。

令人欣慰的是，王汉卫教授和苏印霞教授编撰的《世界华人弟子规》已经为海外华裔子弟的教育者们提供了一个把汉语教学与中华文化传统启蒙教育有机结合的模式，唯独期待的是，海外华裔家长和热心的中文教师们尽情发挥各自的智慧，合理巧妙、因地制宜、创造性地运用好这本独具匠心的少儿启蒙课本，把我们的后辈培养成德才兼备、有爱心、有责任感的现代社会的一代新人。

最后，请让我再引用一位名人的话来结束这个匆匆而就的序，与朋友们分享我本人对我们古老中华文化传统精华的崇敬之情：

啊，传统，多么巨大的一面镜子！

人类智慧和想象力就是生长于斯，而深藏内心深处的仁爱之心与敬畏之情，亦是在对过去的追忆和传统的继承中不断汲取必要的养分，并从中获得永恒的鼓励和由衷的赞赏。

王仁忠

加拿大麦吉尔大学教授
二〇一七年金秋十月
草书于加拿大蒙特利尔市

前 言
——写给家长和老师

有人说，《弟子规》距离现代文明太远了，甚至有人说，《弟子规》这套旧东西对现代社会是没有用的。我倒是觉得，不管过去、现在还是未来，总会有一些基本的、恒久的道德观、价值观，例如孝敬父母、不杀生、不偷盗、不奸淫、不妄语等——启蒙养正、培根固本，这正是"蒙学"永远不会过时的理由。

《弟子规》（原名《训蒙文》），是以《论语·学而》"弟子入则孝，出则悌，谨而信，泛爱众，而亲仁。行有余力，则以学文"为纲，具体阐述儿童在家、出外、待人、接物，以及学习上的规矩。儒家思想的精华，在这部短短的《弟子规》里得到了一个完整的体现，自"孝悌"而"爱众"，是自蒙童而圣贤的轨迹。

可以说，《弟子规》是孩子们身心健康成长之路上的一本指南、一本爱心手册——既有大方向上的指导，例如"不力行，但学文，长浮华，成何人"，也有生活细节上的关怀，例如"晨必盥，兼漱口，便溺回，辄净手"。我们相信，只要认认真真读过《弟子规》，怕难说它"过时"，难说它"没有用"。

有人对《弟子规》持贬抑的态度，也并非完全没有道理，《弟子规》毕竟是三百年前的"规"，可时下左一本右一本的《弟子规》，几乎无不是一字不易，照单全收，把它作为金科玉律来宣讲，引人反感也就是自然的了。我们不应该忘记的是：如果不加上自己的认识，李毓秀怎能把《论语》中的寥寥数语铺陈为《训蒙文》呢？没有贾存仁的进一步修订，又何来《弟子规》呢？孔子删《诗》，太炎先生修订《三字经》，批判继承的传统，老夫子们本来就给我们立了榜样。

研读古圣先贤的作品，原汁原味自然是好；继承和发扬古圣先贤的思想，必离不开评鉴取舍。作为启蒙读物、面向儿童教育的《弟子规》，显然不是"研读"的对象，而既然要作为当代的"弟子规"，其文化观念必然不能只是属于古代，而同时也必须最大程度上属于现在乃至未来。

删改是一件令人棘手的事，但原则倒也简单：秉持一颗朴素的爱心，看看给孩子们立的"规"，我们自己要不要遵守——必须如此，也只能如此。在此理念的指导下，本书的基本面貌如下：

1. 谨慎删改了《弟子规》原文，保留了《弟子规》的精华（自以为吧），保留了《弟子规》的基本结构和语言风貌，《弟子规》原文附书后以资对比。举两个小例子：原文是"居有常，业无变"，改文是"居有常，业慎变"；原文是"圣与贤，可驯致"，改文是"圣与贤，可学致"。

2. 按主题分为八章，每一章加章节导读及英文翻译，每一章的经文先集中呈现，再分课呈现，每章还配有用来温习巩固经文章句的练习。

3. 每八句为一课。每课分为本章经文、字词学习、故事会、文化扩展和知行练习板块。为了方便学习者准确理解经文的意思，经文配英文翻译。字词学习的内容是最高频的 600 字以外的字词以及重要的文化词。故事选配和文化扩展的标准都是能体现当课的主题和内容，不生拉硬扯，一时找不到合适的故事或文化点也就只好"暂缺"。知行练习是根据当课的内容，并结合当下的生活设计两三个问题，目的是希望学生积极思考、知行合一、不把《弟子规》停留在嘴上。

4. 每章的经文集中注音，分课的经文章句不注意，这样的设计是为了督促并期望学生能够脱离注音，熟悉经文的所有用字。根据《汉语水平词汇与汉字等级大纲》，故事注音翻译初级以外的词语。文化扩展和知行练习部分则完全不注音、不翻译（当然同时也会对词汇难度加以控制），这样的设计是希望家长或老师积极介入，以实现更多的亲子互动或师生互动。本书适合具有初级汉语水平的人自主学习，而如果有父母或老师的参与，对语言水平的要求还可再低些。

5. 在针对年龄上，从故事的选择、文化点的选择、知行练习的设计，到插图和装帧，本书的基本定位是 10 岁左右的儿童。

"圣与贤，可学致"，愿每一个家长都教子有方，愿每一个蒙童都成圣成贤。

王汉卫

2017 年 3 月 20 日

第一章

总 则

本章导读

　　"总则"原文来自《论语·学而》，是圣人孔子留给我们的教诲。 这些守则主要包括：孝、悌、谨、信、仁、学等，是《弟子规》的内容纲要。接下来的章节就是对这些纲要的具体阐发。

　　希望通过《弟子规》的学习，大家都变得更加可亲、可爱、可敬。来，让我们开始学习，聆听圣人的教诲吧！

About this chapter

　　The original text of "General Rules" is from The Analects of Confucius, the teachings by saint Confucius. These rules mainly include filial piety, care-and-respect relationship between siblings, caution, integrity, benevolence, and pursuit of knowledge, which make up the main themes of Dizigui. The following chapters are the detailed description of these rules.

　　We hope that Dizi Gui can cultivate us, make us lovely, amiable, and respectable. Come on, let's listen to the teachings of Saints!

本章经文

dì zǐ guī	shèng rén xùn	shǒu xiào tì	cì jǐn xìn
弟子规	圣人训	首孝悌	次谨信

fàn ài zhòng	ér qīn rén	yǒu yú lì	zé xué wén
泛爱众	而亲仁	有余力	则学文

Dizi Gui is the teachings of Saint Confucius.

First, love your parents, respect your elder siblings and care about your younger siblings.

Next, be cautious and honest with whatever you say or do.

Love all people; follow and learn from the benevolent people.

Finally, spend the time and energy left in pursing knowledge.

字词学习

1. 弟子　pupils or children

2. 圣人　In traditional Chinese culture, "圣人" refers to the man with the perfect moral characters and behaviors, a mentor for all people. In China, "圣人" often refers specifically to Confucius.

3. 孝　"孝", the very foundation of Chinese ethics over the past five thousand years, means that children should be dutiful to parents. "孝" is made up of two components: the top means "the elderly", and the bottom means "children". "孝" implies that the elderly and the young are united.

4. 悌　"悌" refers to the sincere fraternal love, the ideal relationship between siblings, in which the elder take good care of the younger while the younger respect the elder.

5. 仁　Confucius treated "仁" as the highest moral principle. "仁" means not only benevolence but also other virtues. A man with all moral qualities is called "仁者".

6. 规　rules

7. 训　teachings

8. 次　second; next

9. 谨　careful; cautious

10. 泛　broad; extensive

11. 众　all people; the multitude

12. 而　and; furthermore

13. 余　surplus; remaining

14. 则　just; then

故事会

mèng mǔ sānqiān
孟母三迁

mèng zǐ
孟子很小的时候，父亲就去世（die）了，母亲一个人

zhǎng dà
带他长大（grow up）。

mù dì
小时候，他们的家离墓地（grave yard）很近，小孩子哪里

hǎo wán
懂得大人们的难过，看见大人们哭，孟子觉得好玩（funny），就学着样子玩假哭："我的天哪！我的妈呀！……"孟母心里想：这可不行！于是她就搬家到了一个市场的旁边。市场嘛，当然天天都是买呀卖的，孟子就常常学着样子喊："哎！卖了卖了，便宜便宜！"孟母心里想：还是不行！于是他们再次搬家，新家临近一

áo
家肉店，孟子就又喜欢上了"嗷——嗷——"地学猪叫。孟母心里想：不行不行，还是不行！

láng
这次，孟母把家搬到了一间学校的附近。听到学校里的琅琅书声（the sound

ō
of reading books），孟母心里想：噢，这次对了！

yà shèng
这次是真对了。有了孟母的三迁，才会有后来的亚圣（the Second Saint）——孟子。

文化扩展

孔子是中国的第一圣，是"文圣"。除了孔子，各行各业最出色的那个人也常常被当作是圣人。例如：

圣人们

医圣——张仲景（汉），直到今天，他的医书还是中医必读书。

书圣——王羲之（晋），他的书法，那真叫一个美。

诗圣——杜　甫（唐），"读书破万卷，下笔如有神"。

词圣——苏　轼（宋），"但愿人长久，千里共婵娟"。

"文圣"是孔子，"武圣"呢？当然是关公了。关公之所以是武圣人，不仅是因为他的大刀，更因为他是"忠、勇、信、义"的化身。

关公（？—220）

知行练习

1. 我们做人首先要做到的是什么？为什么？

2. 好玩的游戏、好看的动画多着呢，你有没有把作业给忘掉呢？

3. 找找看，中国文化中还有哪些圣人？

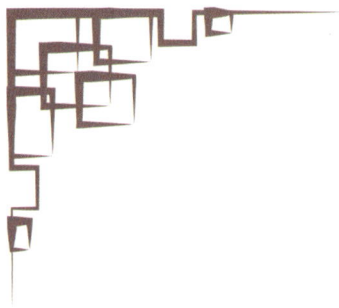

第二章

入则孝

本章导读

俗话说"百行孝为先"，意思是在所有行为中，行孝是首先要做的事。 最爱我们的人是父母，懂得爱自己的父母，才有可能爱其他老人——这就是"老吾老以及人之老"，再进一步爱天下所有的人——这就是"凡是人，皆须爱"。

有人说：对天下所有人的爱是"大爱"，孝是"小爱"。 什么事总得有个开始，有个先后，"孝"是大爱的开始，是爱心成长的第一课。

About this chapter

An old saying in Chinese says that filial piety is on the top of good-deeds list, which means loving our parents is the most important thing in this world. Only the man who loves his own parents is able to love other elderly people. This is "love my parents and love all the old". Then a further step is to love all people in this world.

Some people think that loving all people in the world is big love while filial piety is small love. But filial piety is the initial step of big love and should be the first lesson of one's moral development.

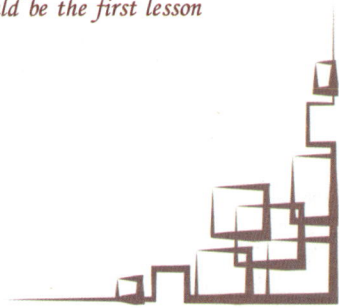

本章经文

父母呼　应勿缓　父母命　行勿懒

父母教　宜敬听　父母责　宜顺承

冬则温　夏则清　晨则省　昏则定

出必告　返必面　居有常　业慎变

亲所好　谨为具　亲所恶　谨为去

身有伤　贻亲忧　德有伤　贻亲羞

亲有过　谏使更　怡吾色　柔吾声

谏不入　悦复谏　晓以理　动以情

亲有疾　药先尝　昼夜侍　不离床

亲爱我　孝何难　亲憎我　孝方贤

"孝" 第一讲

经文

父母呼　应勿缓　父母命　行勿懒
父母教　宜敬听　父母责　宜顺承

When your parents call you, answer them right away.

When they command you, act quickly.

When they teach you, listen respectfully.

When they reproach you, accept obediently.

字词学习

1. 呼　call
2. 勿　do not
3. 缓　procrastinate
4. 命　order；command
5. 懒　lazy

6. 宜　should；ought to
7. 敬　respectfully
8. 责　reproach；blame
9. 顺承　accept obediently

故事会

ái dǎ yòu ái mà
挨打又挨骂

zēng shēn
　　曾　参 是孔子的学生。

　　有一天，曾参在瓜田除草，不小心把瓜苗给锄（hoe）掉了好几棵。父亲怪他太粗心（careless），拿起棍子（stick）就要打他。曾参想：打就打吧，挨几下打，让老爸消消气也好。所以，也不躲也不闪，一动不动让父亲打。曾爸爸却想：好啊，你动也不动一下，难道你还觉得自己没错吗？这么一想，曾爸爸是越打越来气。

　　孔子好几天没有见到曾参，心想："曾参这是怎么了？"正想呢，曾参一瘸一拐（limp）地来了。别看他一瘸一拐的，脸上却很高兴、很阳光。

　　"怎么了，曾参？"经孔子这么一问，曾参就把挨打的事讲了一遍。说完，他迫不及待（can not wait）地问孔子："先生，您看我算不算是孝子？"他想：先生一定会夸我，挨顿打也值了。

　　孔子说："曾参啊曾参，父亲打你是一时着急，万一把你打坏了，他后悔不后悔？而你呢，又怎么孝敬（love and respect）父母？小杖受，大杖走，'孝'也不能'愚（foolish）孝'啊！'孝'这个字你做得还不够好，'愚孝'这两个字没人能超过你了。"

　　挨顿打又挨顿骂，你说曾参可怜不可怜？"可怜"的曾参从此更加努力学习，努力领会（understand）老师的思想，成了名垂后世（well-known for generations）的曾子。

文化扩展

这个"教"就是"教"最早的字形。右边的 表示手里拿着一根棍子，左边上面是一个"爻"，意思是"明白"，下面是一个"子"。这几个符号合在一起，表示教育孩子，让他明白道理。你看 ，古代的老师和家长可是非常严格，不好好学习是要挨打的呀！还好，严父慈母，有慈爱的妈妈们呢。

《三娘教子》瓷盘

知行练习

1. 如果下次曾参又碰到了这个情况，他应该怎么做？
2. 你正在客厅里看自己最喜欢的动画片，这时候门铃响了，妈妈正忙着做饭，你会怎么做呢？

"孝" 第二讲

经文

冬则温　夏则清　晨则省　昏则定
出必告　返必面　居有常　业慎变

In the winter, keep your parents warm; in the summer, keep them cool.

See them in the morning; say good night to them at night.

Tell them in person before leaving home or after coming home.

Live a regular life; change your job with caution.

字词学习

1. 温　warm

2. 清　cool

3. 晨　morning

4. 省　visit

5. 昏　evening

6. 返　return; come back

7. 居　dwelling

8. 慎　careful; cautious

有的小朋友可能会想："冬则温、夏则清……为什么呀？"因为父母爱我们。下面讲一个鹿妈妈（doe）的故事——鹿妈妈（lù）都这样，我们的妈妈，那还用说吗？

故事会

wǒ de hái zi
我的孩子

从前，猎人（hunter）们会用陷阱（trap）来捕捉（catch）野猪啊、鹿啊、熊啊这些大动物。这天，有个猎人来到自己挖的陷阱前，看看有没有猎物掉下去。嘿！阱里有只鹿，肚子还大大的，看来是一只怀孕（pregnant）的母鹿。

猎人垂了一根绳子爬下去，把惊恐的（frightened）母鹿捆到绳子上，然后开始往上爬，他想自己先上去，然后再把鹿拉上来。母鹿在下面拼命挣扎（struggle）着，猎人刚爬到一半，绳子"啪"的一声断了，猎人也"扑通"一声掉到了阱底。

猎人气大了："要不是你挣扎，我也不会掉下来。"他朝着母鹿的肚子就是一脚。母鹿倒在地上，"呦呦"地叫着，不一会儿，一只小鹿钻了出来。母鹿轻轻地舔（lick）着刚出生的小宝宝，似乎忘了疼痛（pain），忘了恐惧（fear），忘了一切。

猎人的心也似乎被鹿妈妈舔了一下，刚才还又硬又冷，现在变柔软（soft）了，像春风吹着春草。他解开捆鹿的绳子，坐在一旁。阱这么深，只能等人来救了。

一连几天都没人来，猎人的干粮（dry food）也吃完了。没有草吃，母鹿的乳汁（milk）也渐渐干了。由奶水到血奶，再后来，乳头（nipple）里流出的是鲜红的血液，母鹿是在用自己的血喂养鹿宝宝。小鹿每吸一下，母鹿都疼得要抽搐（twitch）一下。小鹿不停地吸，母鹿就不停地抽搐着。

母鹿的疼痛，猎人好像都感受（feel）到了，他看不下去，一把把小鹿拉开，好让母鹿休息一下。然而却惹恼（annoy）了母鹿，它一头顶开猎人，又把乳头送进小鹿的嘴里。母鹿轻轻地舔着小鹿，好像在说："宝宝别怕，妈妈在呢。"

猎人有些吃惊，有些难过，也有些绝 望（despair）——怎样才能出去呢？怎样才能让大家都活着出去呢？

又过了两天，母鹿似乎连最后的血都要流尽了，已经非常虚 弱（weak）。它轻轻地舔着小鹿，一下，一下。忽然，母鹿摇摇 晃 晃（stagger）地站起来，向猎人走了一步，低下头，轻轻衔（hold in the mouth）住猎人的袖子（sleeve），把猎人的手放在小鹿身上，然后，把头伸在猎人身下，意思是要把猎人托起来。猎人震 惊（shock）了，这不是"托孤"吗？小朋友，"托孤"就是一个妈妈快要死了，死前把孩子拜托给别人照看。

猎人脱下外套，把小鹿包 裹（wrap up）好，背在背上。母鹿早在断绳下方趴（lie）好，猎人扶着阱壁，站在母鹿的背上。母鹿奋力（spare no effort）站起，猎人伸出手，还差一点就够到绳子了。"加油啊！伙计（fellow），就差一点了"，猎人向母鹿喊道，他忘了脚下是鹿而不是人。鹿妈妈像听懂了人话似的，用尽全身力气，前 蹄（fore-hoof）蹬（step）在阱壁上，奋力一挺。猎人终于够到绳子，爬了上去。母鹿向上面看了一眼，软 绵 绵（feeble）地倒下去。回头望着死去的母鹿，猎人痛哭流涕（cry one's eyes out），像死去了一个亲人。

"少目"不是"省"

　　"省"字原来是这样写的：省。上面是"生"，下面是"目"，读作 xǐng，意思是"看望"。早晚问候父母叫"昏定晨省"；女儿出嫁后第一次回娘家看望父母叫"省亲"。俗话说"儿行千里母担忧"，所以，孩子们，我们长大了千万不要只顾忙自己的事情，要常回家看看，要"多目"不要"少目"啊！

回家看看

　　1. 说说看，这是一个怎样的鹿妈妈？

　　2. 小朋友，我们应该怎样关心爸爸妈妈呢？

　　3. 放学了，小伙伴邀请你去他家里一起玩，你是直接跟他走，还是先告诉父母一声，再去他家玩儿呢？

"入则孝" 第三讲

经文

亲所好　谨为具　亲所恶　谨为去
身有伤　贻亲忧　德有伤　贻亲羞

Try your best to do what your parents wish you to do;
Try your best to get rid of the shortcomings your parents dislike.
Your physical injury makes your parents worry about you;
Your moral flaws leave your parents ashamed of you.

字词学习

1. 具　achieve
2. 恶　hate; dislike
3. 贻　leave behind
4. 忧　worry

5. 德　morality
6. 伤　wound; injury
7. 羞　ashamed; disgrace

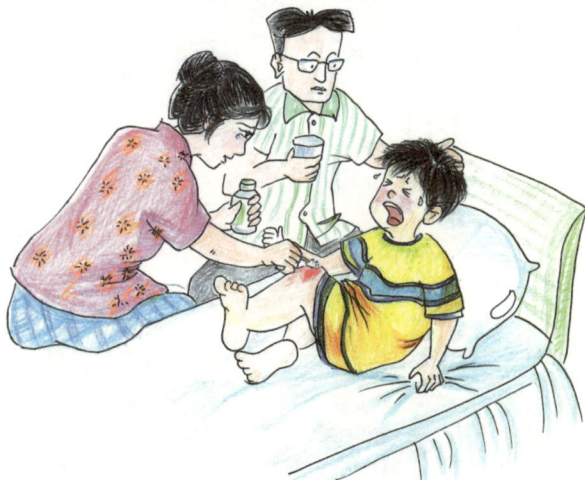

故事会

sī mǎ guāng zá hé táo
司马光砸核桃

sòng cháo
司马光是宋朝（Song Dynasty）的文学家，他一生诚信，这跟小时候父亲对他的教育分不开。

有一天，司马光想吃核桃，可是核桃皮很硬，怎么也弄不开。姐姐看见了，过来帮忙，可姐姐也还是个小孩子，费了半天劲，还是弄不开。没有办法，姐姐就走开了。

pú rén
这时候，过来一个仆人（servant），帮司马光砸了好几个核桃。姐姐回来，感到
hào qí
很好奇（curious），就问："是谁帮你的？"司马光说："没有啊，是我自己做的。"姐姐信以为真（accept as true），她知道弟弟很聪明，前几天还"砸缸"救过小朋友呢，想来这核桃他也该会"砸"了。

xìn rèn   dé yì
姐姐的信任（trust）让小司马光很是得意（pleased with oneself）。司马光的父亲
chǔ
在书房里看书，窗子是开着的，砸核桃的事儿被父亲看得一清二楚（crystal clear）。
yán lì   huǎng huà   guāng cǎi
他放下书走出来，严厉（harsh）地说："孩子，说谎话（lie）可不是光彩的
gōng láo   kě chǐ
（glorious）的事儿，把别人的功劳（credit）说成是自己的，那就更可耻（disgrace-
xiū kuì
ful）了！"司马光知道自己错了，羞愧（shameful）得满脸通红。

gào jiè
从此，司马光再也不敢说谎。长大后，他还把这件事写到纸上，告诫（warn）
自己。

德 的左边跟"行"的左边一样，表示道路，右边的中间是一只眼睛，上面的笔画表示向正前看，下面还有一个"心"。意思是：正视直行，而且要用心，这就是"德"。

品德高，才会有名望，才会受到别人的尊重，这就叫"德高望重"。下面的这位高僧有哪些故事呢？问问你的父母或老师吧。

弘一法师李叔同（1880—1942）

1. 如果把"亲所好，谨为具；亲所恶，谨为去"改为"亲所好，全为具；亲所恶，都为去"好不好？为什么？

2. 一个小孩儿偷拿了商店的棒棒糖，父母知道后是什么感受呢？为什么？

"入则孝" 第四讲

亲有过　谏使更　怡吾色　柔吾声
谏不入　悦复谏　晓以理　动以情

When your parents do wrong, advise them to correct it.
Talk with them with pleasant look and mild voice.
If denied, repeat your advice when they are in a good mood;
Convince them with reason and move them with affection.

字词学习

1. 谏　advise
2. 使　make（sb. do sth.）
3. 更　correct（one's mistakes）
4. 怡　make ... pleasant
5. 吾　I；my

6. 柔　mild
7. 悦　pleasant
8. 复　once more；again
9. 晓　make sb. understand

从前，有个孩子叫孙元觉。有一天，元觉听见父母在小声商量什么事情，神神秘秘的。元觉人小鬼大，父母说的话，全让他偷偷听见了。

故事会

bù xǔ rēng
不许扔

第二天，孙爸爸在家里到处找箩 筐 luó kuāng （large bamboo basket），奇怪，箩筐不见了。"元觉，我们不在家的时候有人来借箩筐吗？""不知道！"恐惧从孙爸爸的心里升上来：难道是老天爷（the Heavens）把箩筐收走，不让我做伤天害理（things that are against the Heavens and reason）的事？

他疑神疑鬼（extremely suspicious）地到处乱翻，最后，终于从柴草堆里找到了箩筐。"是不是你藏的？！"他气急败坏（very angry）地向元觉吼 道 hǒu dào （shout）。"是！我不让你扔爷爷！"元觉一边说，一边紧紧抓着箩筐。

孙爸爸一下子就 蔫 niān （lose spirit）了，刚才还气冲冲的他，好声好气地跟元觉说："谁说我要扔爷爷？我要……我要带爷爷去看病。"孙妈妈也过来说："元觉，跟妈妈去外 婆 wài pó （grandmother）家，外婆想你了，要做好吃的给你。"

爸爸也 哄 hǒng （coax），妈妈也骗，最后，元觉松开了紧抓箩筐的手。他说："那好吧！我跟你一起去。""你去干什么？""我去捡箩筐，我怕你把箩筐也扔了。""一个破箩筐，扔了就扔了。""有用呢，以后你老了，我用它来装你呀！"

孙爸爸吃惊地看着元觉，一时说不出话来。过了好一会儿，他终于惭 愧 cán kuì （ashamed）地说道："好儿子，爸爸错了，爸爸不应该扔爷爷。"

文化扩展

　　"柔"是中国人的大智慧。老子说："柔弱胜刚强。"你能不能明白这个道理呢？如果不明白，请你的老师或家长讲一讲。

柔弱胜刚强

老子（约公元前571—公元前471）

知行练习

　　1. 如果一个人跟你大喊大叫，即便他说得对，你愿意听吗？

　　2. 有个妈妈常常打麻将，而且很晚才回家，如果你是她的小孩，你会怎样劝妈妈呢？如果第一次劝说不成功，你又会怎么做呢？

"入则孝" 第五讲

经文

亲有疾　药先尝　昼夜侍　不离床
亲爱我　孝何难　亲憎我　孝方贤

When your parents are ill, taste their medicine by yourself first.
Look after them day and night; never leave their bedside.
When your parents like you, it is not difficult to be a dutiful child.
When your parents hate you, it is praisable to be a dutiful child.

字词学习

1. 疾　disease；illness
2. 尝　taste
3. 昼　day
4. 侍　look after

5. 何　what
6. 憎　hate
7. 贤　virtous；praisable

故事会

妈妈别走
mā ma bié zǒu

从前有个孩子叫闵子骞（*mǐn qiān*），他很小的时候，妈妈就去世了。后来，父亲又给他找了一个新妈妈，新妈妈刚来的时候对闵子骞很好，可慢慢就变了，只对自己亲生的孩子好，看子骞是怎么看都不顺眼（*shùn yǎn*）（easy on the eyes）。

有一年冬天，天气特别冷，新妈妈给三个孩子各做了一身新棉衣，可不知为什么，子骞的棉衣就是不暖和，虽然看起来也是厚厚的。

有一天，父亲要带上三个孩子一同去朋友家做客。可巧，前两天刚下过一场雪，真叫个天寒地冻、滴水成冰。子骞说："爸爸，好冷啊！不去了吧？"父亲看看三个孩子，都穿得一样厚，两个小的不说冷，反倒（*fǎn dào*）（on the contrary）是子骞说冷，也就没当回事，只是说很快就到了。没一会儿，子骞又喊冷，冻得缩成一团，上牙下牙"嗒（*dē*），嗒，嗒"直打架（*dǎ jià*）（fight）。"爸——爸！我们回——家吧！冷！"这次，父亲可生气了，心想：你装得还挺像。"冷?! 我看你就是想找打了！"他怒吼（*hǒu*）（roar）一声，拿起鞭子（*biān zi*）（whip）就要打子骞。

子骞说："我不——说了，就是——冻死，我也不——说冷了。"

"别人不冷就你冷，别人冻不死，就你能冻死？"父亲生气地说，鞭子也跟着落下来。子骞的衣服被打破了，芦花（*lú huā*）（reed flower）飞了出来。啊，怎么是芦花？（小朋友，芦花可不比棉花，一点儿也不暖和。）他再把两个小儿子的衣服撕开一个角看看，里面是雪白的棉花。

这一下全明白了，父亲心疼（*xīn téng*）（have a heartbreak）得眼泪都流下来，赶紧把自己的外衣脱下来，给子骞裹上。"孩子，爸爸冤枉（*yuān wang*）（treat unjustly）你了！咱这就回家！"

回家后，他怒气冲冲（a storm of anger），要把妻子赶走。子骞却哭求着说："爸爸，别赶妈妈走。有妈妈在，弟弟们不会受冻；妈妈走了，弟弟们和我都要受冻啊！""子骞说得有道理啊，可是……"

爸爸含着眼泪说："子骞啊，你的后 妈（stepmother） 这样对你，如果不把她

hòu mā

赶走，爸爸怎对得起你的亲 娘 （biological mother） 啊！"说完就难过地转过头，

qīn niáng

不再说话。子骞又转身，跪在继母（stepmother） 面前说："妈妈您千万别走，爸爸

jì mǔ

是一时生气。您走了，万一新妈妈对我和弟弟都不好，您心酸不心酸呢？"

听到这里，后妈心里又羞愧又悔 恨 （regret deeply）。她把子骞抱在怀里："子骞，

huǐ hèn

是妈妈错了，是妈妈对不起你。妈妈从此以后一定好好爱你，像爱弟弟们一样！"

文化扩展

艹 药

有些草是菜，吃了能饱；有些草是药，吃了能治病；有些草既是菜也是药，既能饱也能治病。这是谁发现的呢？传说"神农尝百草"，这个叫神农的人遍尝各种各样的草，从中找到了很多可以治病的草。"药"字的上面有一个草头，这表明在古代的中国，"药"就是"草"，所以"草"和"药"常常连在一起说：草药。

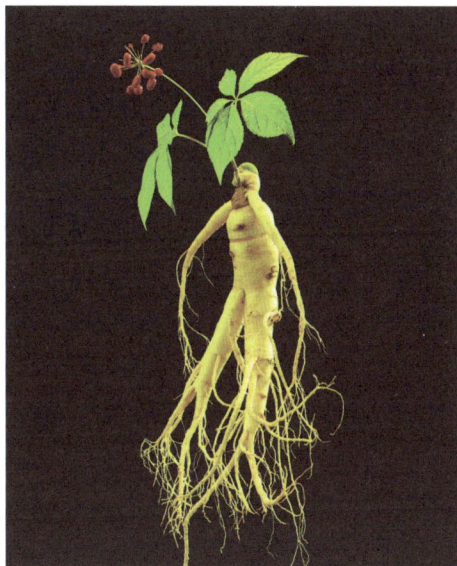

百草之王——人参

知行练习

1. 《妈妈别走》这一故事体现的是经文里的哪两句话？

2. 如果你觉得妈妈对你不够好，你还会不会爱妈妈呢？

3. 如果父母生病了，我们应该怎样照顾他们呢？

第二章 练一练

一、选一选，找拼音

jìng	shùn	chéng	yí	jǐn	yōu	dé	xiū	shèn	fǎn
shāng	jiàn	róu	xián	shì	cháng	jí	yuè	lǐ	

顺（　）　宜（　）　敬（　）　承（　）　柔（　）　慎（　）　返（　）

忧（　）　德（　）　羞（　）　谨（　）　伤（　）　贻（　）　疾（　）

尝（　）　侍（　）　贤（　）　理（　）　悦（　）　谏（　）　怡（　）

二、文字迷宫

父	母	教	宜	敬	承
母	父	行	命	听	顺
呼	缓	勿	母	父	宜
应	勿	懒	父	母	责

冬	则	温	夏	则	清
有	居	面	必	返	晨
常	业	出	必	告	则
变	慎	定	则	昏	省

三、给加点的字选择正确的读音

wù	hǎo	è	xǐng	hào	shěng

恶（　）人　　　　　厌恶（　）　　　　　好（　）玩

爱好（　）　　　　　省（　）亲　　　　　节省（　）

四、读一读，写一写

（一）

亲所____　　　谨为具　　　亲所恶　　　谨为____

____有伤　　　贻亲忧　　　德有伤　　　贻____羞

（二）

| 亲有＿＿ | 谏使更 | 怡吾＿＿ | 柔吾＿＿ |
| 谏不＿＿ | 悦复谏 | 晓以理 | 动以情 |

（三）

| 亲有疾 | 药＿＿尝 | 昼夜侍 | 不离＿＿ |
| 亲＿＿我 | 孝何难 | 亲憎＿＿ | 孝方贤 |

第三章

出则悌

本章导读

"悌"字左边一个"心"，右边一个"弟"，本来的意思就是哥哥爱护弟弟，弟弟尊敬哥哥，也就是兄弟之间的关系。兄友弟恭，长幼有序，一个家庭，兄弟姐妹快乐和美地生活在一起，这样不但是对父母的孝——"兄弟和，孝在中"，同时也才能使整个家庭充满活力、兴旺发达——"兄弟同心，其利断金"。

千千万万个快乐和美、充满活力的家庭就组成了一个快乐和美、充满活力的大社会。这该多么好！

About this chapter

The character "悌" (fraternal love) has a "心" (heart) on the left side and a "弟" (younger brother) on the right, which means that the elder brother should take care of the younger while the younger should respect the elder. A harmonious relationship among siblings is not only a way of filial piety but brings the family vitality and prosperity.

How wonderful it would be if the society is made up of millions of happy, cheerful and harmonious families!

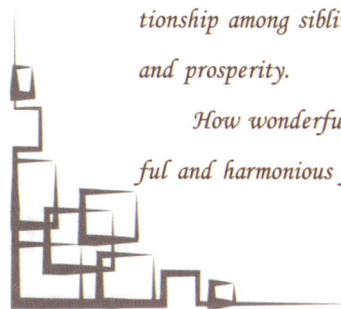

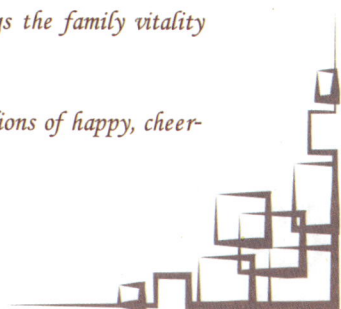

本章经文

兄道友　弟道恭　兄弟和　孝在中

财物轻　怨何生　言语忍　忿自泯

路遇长　即问好　如距远　把手招

尊长前　声要低　低不闻　却非宜

称尊长　勿呼名　对尊长　勿见能

进必趋　退必迟　问起对　视勿移

或饮食　或坐走　长者先　幼者后

事诸父　如事父　事诸兄　如事兄

"出则悌"第一讲

经文

兄道友　弟道恭　兄弟和　孝在中
财物轻　怨何生　言语忍　忿自泯

The elder brother should take care of the younger; the younger should respect the elder.

Harmony between brothers is a way of loving parents.

Value property less, and how would hatred arise?

Talk more mildly, and anger will die naturally.

字词学习

1. 兄　elder brother
2. 恭　respect
3. 财　wealth; property
4. 怨　hatred; resentment

5. 忍　tolerate
6. 忿　anger
7. 泯　disappear

故事会

bā dǒu yǔ qī bù
八斗与七步

cáo
曹植是曹操的三儿子，是三国（the Three Kingdoms）时候
cái huá
的大才子。人们说：天下所有人的才华（talent）加起来有一
石，曹植一个人占八斗。小朋友，"一石＝十斗"，就是说曹植
chéng yǔ
一个人的才华占天下人的80％，这就是 成 语（idiom）"才高
八斗"的出处。

lā fēng   pī jí dù
曹植这么闪亮，这么"拉 风"（cool），招人喜欢，也招来了大哥曹丕的嫉妒
（jealousy）。后来曹丕做了皇帝，仍然嫉妒弟弟的才华，总想找个理由把弟弟杀掉。
有一天，他跟曹植说："请你在七步之内作一首诗，证明你真有才，做不出来就是欺
míng shēng
世盗名，就应该死。""欺世盗名"的意思是欺骗世人，名 声（fame）也是偷来
的、假的。

走七步作一首诗，这么短的时间，谈何容易？曹丕还规定，诗要跟兄弟情有关
系，但不许出现"兄弟"这两个字——分明就是要杀弟弟嘛！

téng
曹植当然明白，看着眼前这个杀气 腾 腾（combative）的兄长，他想起小时候。
ài
那时候，兄弟们一起玩耍，不分你我，有多高兴。唉！那是小时候了。想到此，曹植
chén
心里面不由得悲凉阵阵，五味杂 陈（mixed emotions）。这时，远处忽然飘来煮豆子
的香味，曹植就以"煮豆"为题，作了这首《七步诗》：

qí
煮豆燃豆萁

fú   qì
豆在釜中泣

本是同根生

jiān
相煎何太急

jiē gǎn
这首诗的意思是：煮豆子用的是豆子的秸 秆（straw），锅里面的水开了，好像
kū qì
豆子在哭泣（cry）一样。豆子和秸秆都是一个根上生出来的，好像一个母亲的孩子。

你我本是亲生兄弟，为什么这样逼迫（persecute）我呢？

曹植的诗让哥哥曹丕非常惭愧，他只好放了弟弟，但从此曹植也一直闷闷不乐（in low sprits），只活到 41 岁就去世了。

文化扩展

和为贵

中国人自古就喜欢"和"，凡事"以和为贵"。著名的万里长城就是最好的证明。这道又高又长的墙，意思是说："我不去打你，你也不要来打我，咱们谁也别欺负谁。"

"和"是中国文化的根本，你看：和平、和气、和谐、和睦、和美、和爱、和蔼、和乐、和善、和悦、和好，这些说的都是一个"和"字，居家过日子更离不开这个"和"字——"家和万事兴"！

知行练习

1. 你明白下面这些词的意思吗？不明白就问问父母或老师。
   和平、和气、和谐、和睦、和美、和爱、和蔼、和乐、
   和善、和悦、和好、家和万事兴

2. 故事中曹丕和曹植的父母看到孩子们不和，他们会不会
   很难过？我们应该怎样对待自己的兄弟姐妹呢？

"出则悌" 第二讲

经文

路遇长　即问好　如距远　把手招
尊长前　声要低　低不闻　却非宜

When meeting the elders, say hello to them;

If it is inconvenient to say hello, wave your hand.

In front of the elders, speak softly;

But if your voice is too low to hear, it is inappropriate.

字词学习

1. 遇　meet

2. 即　immediately

3. 招　wave（hands）

4. 却　but；however

![故事会]

shuí bù jiǎng lǐ
谁 不 讲 礼

从前，有个读书人要到长安去，走着走着，来到了一个"人"字路口。该走哪条路呢？他在路口停下来，想问问路再
āi
走。哎，对面来了一个老人家。

hāi　lǎo tóu
"嗨！老头（old man）！"他扯开嗓子就喊，"去长安走哪条路啊？"

老人家看了看他，说："都能！条条大路通长安。"

"你这个老头，我是说哪条路近？"

"左边那条五千丈，右边那条一万丈。"

"你这个老头说话好奇怪，路都是说'里'，哪有说'丈'的。'一去二三里，
tíng tái　　　　　　　　　　　　　 zhī
烟村四五家，亭台（pavilion）六七座，八九十枝（a measure word for flowers）
花'，这首诗你不知道吧？"

老人家说："诗我不知道，但路有多远我从来都是说'里'的。"

"那你刚才为什么说'丈'呢？"

"跟不讲lǐ的人说'里'，我怕他听不明白呀。"

读书人一听，羞了个满脸通红，不知如何回答才好。

文化扩展

见面打招呼是日常生活中最常见的事情了，但可别小看这件"平常事"啊，它表现了对别人的关心。来，我们看几个以前和现在的招呼语：

招呼一声

无它乎？——没有蛇吧？以前蛇多，人常常被蛇咬。

无恙乎？——身体没有不舒服吧？以前生活条件不好，人常常会生病。

吃了吗？——吃饭了没有？唉，以前吃饭都是大问题。

你忙吗？——现在不一样了，什么都好，就是太忙，别累坏了呀。

"兄弟，最近还好吧？"

知行练习

1. 小朋友，故事中老人家说的"lǐ"，是指哪一个字呢？
2. 你有尊师好学的故事吗？可以跟大家分享一下。

"出则悌" 第三讲

经文

称尊长　勿呼名　对尊长　勿见能

进必趋　退必迟　问起对　视勿移

When you address the elders, do not call their names directly.

In front of the elders, do not show off.

When approaching them, walk briskly; when leaving them, walk slowly.

When answering a question, do not look away.

字词学习

1. 称　address
2. 尊长　the elderly
3. 趋　briskly

4. 迟　slowly
5. 移　look away

故事会

tiào bù tiào
跳不跳

一天，孔子给学生们上课，这天讲的是"仁（benevolence）"。宰我问道："请问老师，如果仁者看见有人掉进河里，他应不应该跳下去救呢？跳下去，他会没命；不跳下去，怎么说他是仁者呢？"宰我得意扬扬（much pleased with oneself）地看着孔子。

"不跳！"孔子说。

"哦，这样谁都是仁者了？"宰我想：这次可让我抓住了，看你怎么回答。

孔子说："跳下去救不了人，还把自己的命也搭上，这哪里是仁者，这是傻瓜（fool）。不跳下去，他或许（maybe）还能想到别的方法。是不是仁者，不是看跳不跳，而是看救不救人。你说呢，宰我？"

宰我被孔子问得哑口无言（speechless），脸一下子红到耳朵根，红得像猴子（monkey）的屁股（ass）。

看我，看我，看着我

小朋友，你跟人家说话的时候，要不要看着对方呢？

你想，说话不看着对方，人家知道你在跟谁说话呢？别人跟我们说话的时候，我们也要看着人家。你不看人家，好像不想听的样子，好像心里在说："噢，烦死了，我不要听！"

所以，说话的时候看着对方是基本的礼貌，你说对不对？

"看我嘛"

1. 《跳不跳》这个故事说的是经文里的哪两句话？

2. 故事中，宰我想要表现自己的聪明，故意为难老师。你有没有做过一样的事情呢？如果有，记得要道歉哦！

3. 爷爷问小明最近的学习怎么样，可小明却只顾着埋头玩游戏。这样做对吗？

"出则悌" 第四讲

经文

或饮食　或坐走　长者先　幼者后
事诸父　如事父　事诸兄　如事兄

Whether you are dinning or taking a seat,

The elder should be the first and the younger follow.

Treat all uncles the way you treat your own father;

Treat all cousins the way you treat your own brother.

字词学习

1. 或　or

2. 饮　drink

3. 幼　younger

4. 诸　every

故事会

就是奶奶
jiù shì nǎi nai

世上最大的不幸是"白发人送黑发人"，这样的不幸就让常允恭（gōng）的母亲遇上了。儿子死了，年老的常母无依无靠（miserably alone），非常可怜。

她想到了儿子的好朋友杜（dù）一元，一元跟允恭是好朋友，于是她想到杜家求帮助。

可当她来到杜家，才知道杜一元已经死了很久了。一元的儿子杜环热情地接待了她。常母想，要是杜一元活着还好，可杜环是儿子的朋友的儿子，打扰人家（rén jiā）（other people）总觉得不应该，于是，她坚持要走。

杜环可不这么想，他像对待自己的祖母（zǔ mǔ）（grandmother）一样对待常母，并且让家里所有的人都像对待祖母一样对待她，不要惹她生气。杜环家生活虽不富裕（fù yù）（well off），但他总是把最好的东西留给常母，尽量让老人家过得好一些。

就这样，常母一直在杜家生活到终老（zhōng lǎo）（till death）。常母临死的时候拉着杜环的手说："奶奶拖累（tuō lèi）（cause trouble）你了。"

杜环说："奶奶别这样说，您就是我的奶奶！"

古代有个皇帝带着他的爱妃在园子里游玩。他坐下来休息的时候就想到了"坐"这个字，随口说了一个上联：二人土上坐。你看，"坐"下面一个土，上面两个人，皇帝跟他的爱妃刚好也两个人。妃子马上对了一个下联：一月日边明。意思是自己像月亮，皇上像太阳，"日、月"合起来刚好是个"明"字。

二人土上"坐"

故事讲完了，我们还得说说这个"坐"字。很早以前，既没有椅子，更没有沙发，古人坐哪里呢？你可别担心，古人想坐下来那可是太方便了，因为他们是坐在脚后跟上的呀。

彩陶跪俑（西汉）

1. 过马路的时候，绿灯一亮小明就急匆匆地往前走，差点儿把身旁的老人绊倒了。小明这样做对吗？你觉得小明应该怎么做？

2. 《就是奶奶》这个故事说的是哪句经文呢？你还有类似的故事吗？和朋友们分享一下。

第三章　练一练

一、选一选，找拼音

gōng	yuàn	rěn	fèn	mǐn	yǐn	zūn	yù
jù	zhāo	qū	tuì	yí	zhū	xiōng	

退（　）　　趋（　）　　忍（　）　　泯（　）　　诸（　）

尊（　）　　饮（　）　　忿（　）　　距（　）　　招（　）

遇（　）　　怨（　）　　恭（　）　　移（　）　　兄（　）

二、想一想，组一组，根据下列字在经文中的意思组一个词

和 _____　　轻 _____　　生 _____　　长 _____

幼 _____　　见 _____　　即 _____　　迟 _____

三、读一读，写一写

（一）

兄道____　　弟道恭　　兄弟____　　孝在____

财物轻　　怨何____　　____语忍　　忿____泯

（二）

称尊____　　勿呼____　　对尊长　　勿见能

____必趋　　退必迟　　____起对　　____勿移

（三）

或饮食　　或____走　　____者先　　幼者后

事诸父　　如____父　　事诸兄　　如事____

四、文字迷宫

路	把	手	长	前	声
遇	远	招	尊	低	要
长	距	如	不	低	宜
即	问	好	闻	却	非

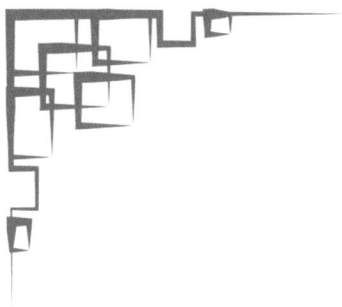

第四章

谨

本章导读

　　"谨"和"慎"两个字意思差不多，指的是说话做事要用心、用真心，这样才能把事情做好。

　　再大的事情都是由小事情开始的，也都是由一大堆小事情合起来的。小事情做不好，大事情也做不来。

　　俗话说"小心驶得万年船"，小心就是谨慎，谨慎才能平安。 如果做事马虎，可能会给自己或别人带来大麻烦。

　　谨慎的良好习惯要从小养成，否则，长大了再改可就难了。 想把自己锻炼成一个能做好"大事情"的人，那就从"小"（小时候、小事情）养成吧。

About this chapter

　　"谨" and "慎" almost have the same meaning, referring to the carefulness and caution in whatever you say and do.

　　A saying goes that caution guarantees a sailor safety on the sea for thousands of years. On the contrary, carelessness may bring about trouble for yourself and others.

　　Caution must be built from childhood; otherwise, it will be too difficult to shape. In order to transform yourself into somebody with big achievement, start from things small—from your childhood, from trivials.

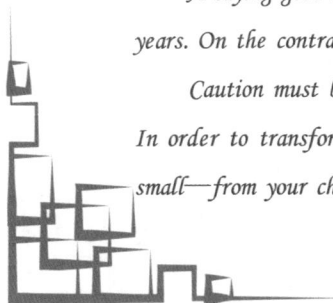

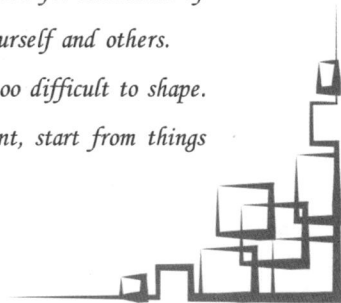

本章经文

chén bì guàn 晨必盥	jiān shù kǒu 兼漱口	rú cè hòu 如厕后	xū jìng shǒu 须净手
guān bì zhèng 冠必正	niǔ bì jié 纽必结	wà yǔ lǚ 袜与履	jù jǐn qiè 俱紧切
zhì guān fú 置冠服	yǒu dìng wèi 有定位	wù luàn dùn 勿乱顿	zhì wū huì 致污秽
yī guì jié 衣贵洁	bù guì huá 不贵华	shàng xún fèn 上循分	xià chèn jiā 下称家
duì yǐn shí 对饮食	wù jiǎn zé 勿拣择	shí shì kě 食适可	wù guò zé 勿过则
nián fāng shào 年方少	wù yǐn jiǔ 勿饮酒	yǐn jiǔ zuì 饮酒醉	zuì wéi chǒu 最为丑
bù cóng róng 步从容	lì duān zhèng 立端正	yī shēn yuán 揖深圆	bài gōng jìng 拜恭敬
wù jiàn yù 勿践阈	wù bǒ yǐ 勿跛倚	wù jī jù 勿箕踞	wù yáo bì 勿摇髀
huǎn kāi mén 缓开门	wù yǒu shēng 勿有声	kuān zhuǎn wān 宽转弯	wù chù léng 勿触棱
zhí xū qì 执虚器	rú zhí yíng 如执盈	rù xū shì 入虚室	rú yǒu rén 如有人

将入门 声必扬 人问谁 对以名

凡道字 重且舒 勿急疾 勿模糊

用人物 须明求 倘不问 即为偷

借人物 及时还 后有急 借不难

事勿忙 忙多错 勿畏难 勿轻略

斗闹场 绝勿近 邪僻事 绝勿问

"谨" 第一讲

经文

晨必盥　兼漱口　如厕后　须净手
冠必正　纽必结　袜与履　俱紧切

In the morning, wash your face and brush your teeth.
After going to the washroom, clean your hands.
Keep your hat straight and buttons done.
Wear your socks and shoes neatly.

字词学习

1. 盥　wash（the face or body）
2. 兼　and
3. 漱　brush（one's teeth）
4. 厕　washroom
5. 须　must；should
6. 冠　hat or cap
7. 纽　button
8. 袜　sock
9. 与　and
10. 履　shoe
11. 俱　both
12. 切　neatly

文化扩展

帽子可不能乱戴

瞧！"冖"表示帽子，"元"表示"人"，上面的两横表示"头"，"寸"表示手，这就是"冠"，意思是手拿着帽子要戴在头上。

加冠礼：古时候，男孩子到20岁要行加冠礼，表示长大了，是大人了，所以，帽子是不可以随便戴的。

戴高帽："戴高帽"就是"拍马屁"。如果有人给你戴高帽，你就要小心了，没事给别人戴高帽干啥？肯定是有什么想法啦！

金质皇冠（唐朝）

知行练习

1. 如果看到好朋友去完厕所后没洗手，你会提醒他吗？你会怎么说？

2. 说说看，不系好鞋带会有什么危险呢？小明的鞋带没有系好，你要不要提醒他？

"谨"第二讲

经文

置冠服　有定位　勿乱顿　致污秽
衣贵洁　不贵华　上循分　下称家

Put your hat and clothes away in a fixed place;

For littering will make them dirty.

It matters more to wear clothes clean than those expensive.

Wear clothes that suit your status and your finances.

字词学习

1. 置　put
2. 乱　messily
3. 顿　put
4. 致　cause；lead to
5. 污秽　dirty

6. 洁　clean
7. 华　luxurious
8. 循　suit
9. 称　match

"吉"上面一个"士",指有文化、有修养的人,下面一个"口",意思是有文化、有修养的人会说话,会说好话,不说脏话,不乌鸦嘴。大家过年的时候一定会说"吉祥如意","吉"就是好。

"洁"左边一个"氵",右边一个"吉",意思是搞卫生需要水,干干净净才好、才吉祥。所以,中国人过年前一定要大扫除,好好搞一通卫生。

那么,挂中国结又是什么寓意呢?

中国结

1. 小明每次踢完足球回家,鞋子袜子都随便乱扔,他这样做对吗?为什么?

2. 妈妈给小红买了件衣服,小红非常喜欢,可听说是在路边买的,她就不喜欢了。小红这样做对吗?为什么?

"谨" 第三讲

经文

对饮食　勿拣择　食适可　勿过则
年方少　勿饮酒　饮酒醉　最为丑

Do not be picky about what you eat or drink.

Eat moderately rather than excessively.

When you are young, do not drink alcohol;

When you get drunk, you look the ugliest.

字词学习

1. 拣　pick

2. 择　choose

3. 适　moderate；reasonable

4. 醉　drunk

5. 丑　ugly

故事会

帅哥变成猪
shuài gē biànchéng zhū

shén xiān
这天，玉皇大帝请众 神 仙 （immortals）给王母娘娘庆祝生日。

péng
众神仙里面有一个天 蓬 元帅（the Marshal Tianpeng），他

hào sè   kè zhì
有个好色（lecherous）的毛病，平时还能克制（restraint）一

piān
下，可这酒一喝多就忘了。他不错眼珠（look steadily）地看着 翩 翩起舞（dance

cháng é
elegantly）的 嫦 娥（the Goddess in the moon），是越看越好看，越看越爱看，眼珠子都快掉地上了。

yàn xí
宴席（banquet）结束，众神仙纷纷离去。天蓬元帅却跟在嫦娥后边，摇摇晃

shǎng huā
晃地走进了后花园。嫦娥跳了半天舞，有些累了，想在花园里坐一下，赏 赏 花

sǎng mén
（admire flowers），休息休息。没想到身后忽然传来一个大 嗓 门（voice）："嫦

xūn
——嫦娥妹妹！"嫦娥一扭头，只见天蓬元帅正摇摇晃晃地走过来，醉醺醺

mī
（drunk）、色眯眯（see sb. in a sexual manner）。"嫦娥妹妹，我来了，我来了！"不

shuāng bì   xióng bào
由分说（blatantly），天蓬元帅张开 双 臂（both arms）就要给嫦娥一个 熊 抱

chōu shēn   ěr guāng
（big embrace）。嫦娥吃了一惊，抽 身（draw back）给天蓬元帅一个耳 光（a

slap on the face），驾上五色云找王母娘娘告状去了。

kěn
美女没抱上，天蓬元帅摔了一个嘴啃泥（fall flat on the ground）。"你看你，你

gū nóng   mí hú
看你，不让抱，还——打——人。"他咕咕 哝 哝（mutter），迷迷糊糊（in a daze），

tiān tíng
就地儿睡着了。睡得正香，王母娘娘派人来了。天 庭（court in the Heaven）之

chǒu shì   wǔ shì
上，竟敢做出这种 丑 事（scandal），睡梦中的天蓬元帅被天庭的武士（warrior）抬起来，抬到南天门，扔了下去。

tōng
可怜的天蓬元帅，"嗵"的一声掉进了猪圈，这下酒醒了。这是哪里，这么

臭！鼻子有点疼，摸一摸，啊！成了猪鼻子。耳朵有点 痒 ^{yǎng} (itch)，摸摸耳朵，也变成了猪耳朵——元帅变成了猪。

文化扩展

"食"文化

"食"不仅仅是为了"饱"，"食"里面也有文化呢。下面的"为什么"，如果你不知道，就请你的父母或老师讲一讲吧。

· 过春节为什么要吃鱼？
· 元宵节为什么吃汤圆？
· 端午节为什么吃粽子？
· 中秋节为什么吃月饼？
· 冬至节为什么吃饺子？

知行练习

1. 酒后开车可能会发生什么事呢？如果你爸爸酒后还要开车，你会跟他说什么呢？

2. 有些小朋友只喜欢吃汉堡包和炸鸡腿，不爱吃青菜和水果，这样做对吗？为什么？

"谨" 第四讲

经文

步从容　立端正　揖深圆　拜恭敬
勿践阈　勿跛倚　勿箕踞　勿摇髀

Walk with calm and steady steps; stand straight.

Bow deep and round; kneel with respect.

Do not step on the threshold; do not lean on one foot.

Do not sprawl; do not shake your legs.

字词学习

1. 端	upright	6. 跛	lame
2. 揖	bow	7. 倚	lean on
3. 践	trample	8. 箕	dustpan
4. 拜	kneel	9. 踞	sprawl
5. 阈	threshold	10. 髀	thigh

故事会

zuò chū lái de huò
坐出来的祸

俗话说"站有站相，坐有坐相"，意思是一个人不管站着

jǔ
还是坐着，都要规规矩矩（well-behaved）的才好。这样才是

zūn zhòng
对别人的尊重（respect），别人也才会尊重你。

liú bāng
汉朝（Han Dynasty）的第一个皇帝叫刘邦。有一次，

nǚ xù   zhāng áo
刘邦来到他女婿（son-in-law）张敖的家。老丈人（father-in-law）来了，张敖自

gōng jìng   cì hòu
然是十分恭敬（deferential），小心伺候（serve）。而刘邦呢，觉得自己是皇帝，

suí yì
又在女婿家，就随意（wilful）得很，随意得都没有一点样子了。

bò jī   jù
他坐着的时候，叉开两条腿，像一个簸箕（dustpan），就是"箕踞"，看起来

qì fèn
特别没礼貌。张敖身边的两个武士十分气愤（enraged），心想：刘邦一点儿不把我
家主人放在眼里。于是，他们就决定要杀死刘邦。

cì shā
哪知刺杀（assassinate）没成功，他们被刘邦的人抓了起来。刘邦怒气冲冲地

qīng miè
问道："说！为什么要杀我！"两人轻蔑（in disdain）地说："因为你坐得太'好
看'了！"。

文化扩展

拜

"⺓木"、"木⺓"，这两个字都是"拜"。"拜"字一半是手，另一半是"禾"，意思是手拿谷物，向上天表达感谢。在华人的传统婚礼上，新人不仅要拜天地、拜父母，夫妻还要对拜，意思就是要感恩天地、感恩父母、感恩对方。

拜一拜

知行练习

1. 刘邦为什么遭遇杀身之祸？这个故事体现了本讲哪几句经文？

2. 说说看，小朋友们读书写字的正确姿势应该是什么样的？

"谨"第五讲

经文

缓开门　勿有声　宽转弯　勿触棱
执虚器　如执盈　入虚室　如有人

Open doors slowly and quietly.

Walk around the corner in a big circle in case you bump into it.

Hold an empty vessel the way you hold one full.

Enter an empty room the way you enter one with people.

字词学习

1. 宽　broad

2. 触　bump into

3. 棱　edge

4. 执　hold

5. 虚　empty

6. 器　vessel

7. 盈　full

文化扩展

瓷器 china

中国的英文名叫"China"，瓷器的英文名也叫"china"，可见在西方人的眼里，"瓷器"是中国的象征，是中国给世界的礼物。经文里说的"虚器"，指的就是陶瓷器皿，不小心容易摔碎。下面我们来看一些有名的陶瓷，几百年、上千年的东西，到今天还这么漂亮，真是了不起。

人面鱼纹彩陶盆，距今一万年左右

三彩陶（唐朝）

青花瓷（元朝）

斗彩瓷（明朝）

珐琅瓷（清朝）

知行练习

1. 奶奶在客厅休息，这时你想要出门，你会怎么开门、关门呢？

2. 小明在朋友的书房里等朋友，看见书架上有一个很精致的飞机模型就拿来玩儿。这样做对吗？你会用本讲的哪节经句劝说他？

"谨"第六讲

将入门　声必扬　人问谁　对以名
凡道字　重且舒　勿急疾　勿模糊

Before entering a room, tell your coming loudly;
If being asked who you are, tell your name.
Pronounce each character clearly and emphatically;
Do not say it hurriedly or indistinctly.

字词学习

1. 扬　raise (one's voice)
2. 凡　whenever
3. 且　and
4. 舒　smooth
5. 模糊　unclear; indistinct

文化扩展

汉字和汉语

汉语是一种简单好学的语言。"哦，不是吧，我觉得汉语好难啊！"有的小朋友可能会这样说。汉语的确不难，但汉字的确不易，汉字的"不易"，换来了汉语的"不难"。

一个字的意思弄明白了，字和字相加就是"词"。比如"鸡肉"就是鸡的肉、"牛肉"就是牛的肉、"羊肉"就是羊的肉。几个字或者几个词放到一起，那就是句子，就是一句话了。例如我爱你/你爱他/她爱我，多简单，不必"I/me，he/him"变来变去，也不必记着什么时候加"s"。

你看，汉语够简单吧，但学汉语一定不能绕开"汉字"。例如"他、她、它"都是 ta，"你爱 ta"，他/她/它是哪一个呢？这可不能错。

汉字是世界上最古老的文字之一，也是唯一使用到今天的古老文字。传说很久以前，仓颉造字，"鬼夜哭"。因为"字"是了不起的发明，有了字，人就变得越来越聪明，就不必怕鬼啦！所以，鬼就很难过了。它要哭就让它哭吧。

仓颉像

知行练习

1. 小朋友，门铃响了，你会不会立刻开门，要不要看看门镜呢？

2. 奶奶老了，耳朵不好使，常常听不清你说的话，你和她说话的时候，要注意什么？

"谨" 第七讲

经文

用人物　须明求　倘不问　即为偷
借人物　及时还　后有急　借不难

When you want to use other people's stuff, ask them for permission.
If you don't ask, it is stealing.
Return the things you have borrowed promptly.
Then next time you are in need, it will be easy to borrow again.

字词学习

1. 求　ask for permission
2. 倘　if
3. 偷　steal

4. 借　borrow
5. 及时　in time

文化扩展

自求多福

《诗经》上说："永言配命，自求多福。"用现在的话说就是：永远修德配天命，多福还得自己求。孩子们，你们觉得呢？跟老师或父母聊一聊，听听他们怎么说。

刻有"永言配命，自求多福"的钱币①

知行练习

1. 你很喜欢同学的玩具，想借来玩玩，可是同学这时不在，你会怎么办？

2. 你借了同学的笔记，说好今天还，但还没用完，你应该怎么做？

---

① 此为"花钱"，在我国古代不可流通。

"谨" 第八讲

经文

事勿忙　忙多错　勿畏难　勿轻略
斗闹场　绝勿近　邪僻事　绝勿问

Do not get too busy, or you may make mistakes.

Do not fear difficulties, or ignore them.

Stay away from noisy or violent places;

Not to concern yourself with things weird or evil.

字词学习

1. 畏　fear

2. 略　ignore

3. 斗　fight

4. 绝　absolutely

5. 邪　evil

6. 僻　abnormal；weird

故事会

pī shān jiù mǔ
劈山救母

从前，华山的 神 庙 （temple） 里住着一位神仙叫三圣母，人们又叫她三娘。三娘本是玉帝的女儿，被派来看 守 （guard） 华山。

这一天，来了个书生叫刘向，看见三娘的神像，心生爱慕 （love）。三娘呢，也爱上了这个儒雅 （refined） 俊 俏 （handsome） 的书生。于是，不顾 （regardless of） 天上的律条，她现出真身，跟刘向结了婚。因为这事，她被哥哥二郎神困在了华山黑云洞。在洞里，三娘生下一个儿子，取名沉香。她怕二郎神加害 （harm）沉香，就请巡 （go on patrol） 山的夜 叉 （Yaksha） 将沉香送给千里之外的丈夫。

时间过得真快，一转眼沉香长到了八岁。这天，沉香突然问了爸爸一个问题："人人都有生身母，沉香咋没养身娘？"刘向就把过去的事情讲给了儿子听，然后他说："儿啊，凡人没有神仙力，怎跟神仙争短长？二郎法力大无边，爸爸无力救你娘。"沉香说："不管二郎多厉害，沉香要救自己娘！"

八岁的沉香，跋山涉水 （cross mountains and rivers），历尽千辛万苦 （endure hardships and sufferings），终于来到华山。"娘——！娘——！"他大声地喊啊喊啊。

巧了，这天孙大圣刚好路过，猴子跟唐 僧 （Tang Monk） 取经回来，无事可做，正闲得痒痒。本来就爱打抱不平 （right the wrongs），沉香这一声声呼喊，把猴子的心都叫碎了。他跟沉香说："小孩儿，我可以帮你，但你要吃得了苦。"沉香说："为了救母亲，什么苦我都能吃！"

从此，沉香跟着孙大圣练习武艺 （Martial Arts），冬练三九，夏练三伏 （the hottest days of the summer），从没一天偷 懒 （lazy）。

一转眼又是八年，沉香已经长成一个武艺高强的少年。这天，孙大圣带沉香来到一个兵器库 （armory），打开库门，各种兵器应有尽有 （everything available），寒光闪闪。孙大圣说："选一件吧！"沉香径直 （directly） 朝一柄 （handle, a measure word） 大斧子 （axe） 走过去。"为什么选斧子呢？"大圣问。"劈山，救我母亲！"沉香毫不犹豫（without hesitation）地回答。"好样的！"孙大圣说："来吧，孩子！是时候了，现在就去救你的母亲！"

　　沉香要劈山，二郎神当然不让。不管沉香怎么哀求（beg），二郎神只有冷冷的一句："除非（unless）你赢了我手上的三尖两刃（blade）枪！"沉香再也忍不住怒火（anger），挥起斧子跟二郎神打了起来，从天上打到地下，从白天打到晚上，打得二郎神暗暗（secretly）吃惊，"好厉害，还好我是二郎神！"这时候，孙大圣暗中帮了沉香一把，把自己的力量传给沉香，二郎神再也招架不住，抽身逃跑（run away）。

　　沉香飞身来到华山之上，抡（swing）起神斧，大喊一声："娘，沉香来救您了！""轰隆"一声巨响，华山被应声劈开——沉香终于见到母亲啦！

文化扩展

忙和忘

"忙"是左"心（忄）"右"亡"，"忘"是下"心"上"亡"。人太"忙"会把"心（忄）"丢掉，这样当然容易"忘"了。

像"忙、忘"这样的字，叫作会意字。下面再举一些例子，请你"会一会"它们的"意思"吧。如果不明白就请问问父母或老师。

- 从、比、林、炎、丝、众、品、森、晶、焱
- 娘、饱、评、睡、志、抓、婚、伴、粉、湾、源、枝
- 安、灾、灭、男、孙、穿、看、拿、吞、袜、笔、尖

知行练习

1. 沉香最感动你的是哪一点？

2. 生活中哪些事情会使你"畏难"，你又打算怎么战胜呢？

3. 生活中你常常会"轻略"的事情有哪些，你又打算怎么改正呢？

第四章 练一练

一、选一选，找拼音

guàn	shù	niǔ	lǔ	dùn	xún	zuì	cóng róng
duān zhèng	jī jù	yī	bài	jìng	mó hu	qīng lüè	xié pì
xū	dǒu	yíng					

漱（　）　　履（　）　　盈（　）　　顿（　）　　从容（　　　）

醉（　）　　拜（　）　　揖（　）　　径（　）　　端正（　　　）

虚（　）　　盥（　）　　抖（　）　　循（　）　　轻略（　　　）

纽（　）　　邪僻（　　　）　　箕踞（　　　）　　模糊（　　　）

二、读一读，写一写

（一）

晨必盥　　　　　兼漱____　　　　　如厕后　　　　　须净____

____必正　　　　____必结　　　　袜与履　　　　俱紧切

（二）

置冠服　　　　　有____位　　　　　勿乱顿　　　　　致污秽

衣贵____　　　　不贵____　　　　上循分　　　　下称____

（三）

对饮食　　　　　勿拣择　　　　　食适____　　　　　勿____则

年方少　　　　　勿饮酒　　　　　饮酒____　　　　　最为____

（四）

____从容　　　　____端正　　　　揖深圆　　　　拜恭敬

勿践阈　　　　勿____倚　　　　勿箕踞　　　　勿____髀

三、理一理，顺一顺

①执虚器　　②入虚室　　③缓开门　　④勿触棱

⑤如执盈　　⑥勿有声　　⑦如有人　　⑧宽转弯

正确的顺序：_____

①声必扬　　②勿模糊　　③重且舒　　④凡道字

⑤将入门　　⑥勿急疾　　⑦对以名　　⑧人问谁

正确的顺序：_____

四、文字迷宫

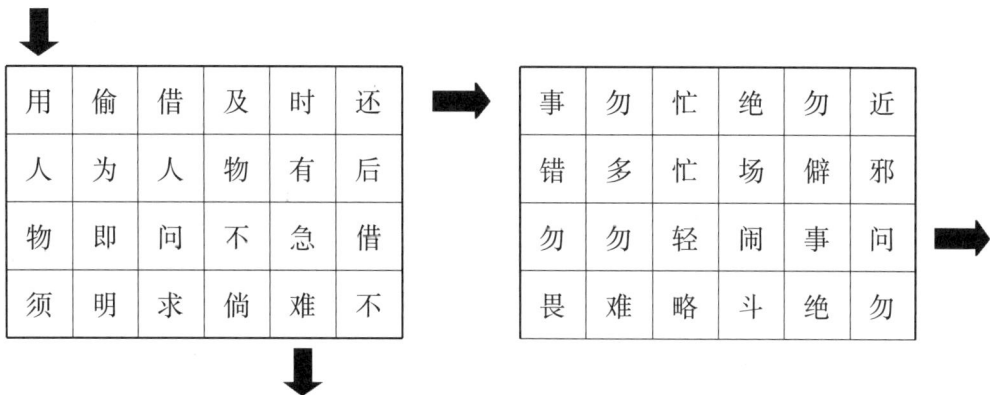

信

本章导读

　　"信"字左边一个"人（亻）"，右边一个"言"，意思是人说话要讲究一个"信"字。"信"就是"诚"，这两个字连到一起，就是"诚信"。

　　俗话说"一谎要用百谎圆"，但你可千万别以为后面的一百个谎真能圆掉最初的那个谎，这句话的真正意思是："千万别撒谎，否则你就麻烦大了！"孔子说："言而无信，不知其可也。"意思是：说话不算数，满嘴大舌头，真不知道这样的人怎么能行——也就是"这个真不行！"

About this chapter

The character "信" consists of "亻"（person）on the left and "言"（word）on the right, which means that a person must be honest with what he says. "信" and "诚" share the same meaning, and they can be put together to form a new word "诚信".

There is an old saying that one lie must be disguised by one hundred new lies, but probably even one hundred are not enough. So this saying warns us never to tell a lie, or we would be in trouble. Confucius once said, "If a person is dishonest with his words, how can he make it as a person?" The truth is whatever he does he will never make it!

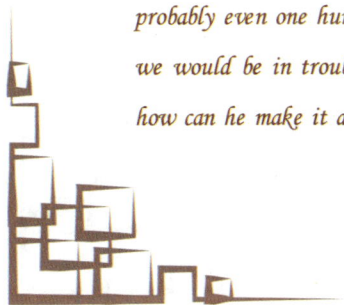

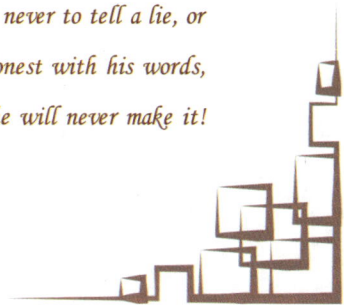

本章经文

fán chū yán　xìn wéi xiān　zhà yǔ wàng　xī kě yān
凡出言　信为先　诈与妄　奚可焉

huà shuō duō　bù rú shǎo　wéi qí shì　wù nìng qiǎo
话说多　不如少　唯其是　勿佞巧

jiān qiǎo yǔ　huì wū cí　shì jǐng qì　qiè jiè zhī
奸巧语　秽污词　市井气　切戒之

jiàn wèi zhēn　wù qīng yán　zhī wèi dí　wù qīng chuán
见未真　勿轻言　知未的　勿轻传

shì fēi yí　wù qīng nuò　gǒu qīng nuò　jìn tuì cuò
事非宜　勿轻诺　苟轻诺　进退错

bǐ shuō cháng　cǐ shuō duǎn　bù guān jǐ　mò xián guǎn
彼说长　此说短　不关己　莫闲管

jiàn rén shàn　jí sī qí　zòng qù yuǎn　yǐ jiàn jī
见人善　即思齐　纵去远　以渐跻

jiàn rén è　jí nèi xǐng　yǒu zé gǎi　wú jiā jǐng
见人恶　即内省　有则改　无加警

wéi dé xué　wéi cái yì　bù rú rén　dāng zì lì
唯德学　唯才艺　不如人　当自砺

ruò yī fu　ruò yǐn shí　bù rú rén　wù shēng qī
若衣服　若饮食　不如人　勿生戚

闻过怒　闻誉乐　损友来　益友却

闻誉恐　闻过欣　直谅士　渐相亲

无心非　名为错　有心非　名为恶

过能改　归于无　倘掩饰　增一辜

"信" 第一讲

经文

凡出言　信为先　诈与妄　奚可焉
话说多　不如少　唯其是　勿佞巧

Whenever you speak, honesty is the most important.

Cheating or lying can never be allowed.

Saying less is better than saying too much.

Only say what is true; never be glib or deceitful.

字词学习

1. 诈　deceitful
2. 妄　lie
3. 奚　how
4. 焉　modal particle at the end of a question

5. 唯　only
6. 其　it
7. 佞巧　glib or deceitful

故事会

dǒng niǎo yǔ de
懂 鸟 语 的
gōng yě cháng
公 冶 长

公冶长小时候家贫（a poor family），经常上山打柴，鸟叫听多了，竟慢慢懂了鸟语。

有一天，有只乌鸦（crow）落在公冶长家的树上，呱 呱地叫——我们听是呱呱地叫，公冶长可听得懂它在说什么。只听乌鸦说：

> 公冶长，公冶长
> 南山刚死一头羊
> 你吃它的肉
> 我吃它的肠

公冶长说：

> 好好好，我吃肉
> 好好好，你吃肠
> 什么时候再有羊
> 我还吃肉你吃肠

公冶长来到南山，果然有头死羊。他高高兴兴地把羊扛回家，杀羊吃肉，好不高兴，高兴过了头，竟把"你吃肠"忘了个干净。

过了些日子，乌鸦又来了。它呱呱呱地说：

> 公冶长，公冶长
> 北山刚死一头羊
> 你吃它的肉
> 我吃它的肠
> 快快去，快快去
> 快去快去别犹豫

公冶长来到北山，大老远看见一群人围在一起，好像在看什么东西。公冶长赶紧喊："都别动！都别动！是我打死的！"他上前分开人 群（a crowd of people）一看：

啊！是个死人。

公冶长因此获 罪（commit a crime），被抓了起来。公冶长说，人不是我打死的，乌鸦告诉我北山有一头死羊，是乌鸦害我。懂鸟语？官府的人怎么会相信。这时候，房梁上的燕子（swallow）在呢喃地叫，官 府（government）的人就问他燕子在说什么。公冶长说，燕妈妈在跟小燕子说：

小宝宝，快快长

快长大，回南方

官府的人还是不信，就背着公冶长把小燕子藏了起来。小燕子不见了，燕妈妈急得喳喳叫。官府的人问公冶长："这次燕妈妈在说什么？"公冶长说："燕妈妈在找你们要孩子。"燕妈妈说：

你们住在房梁下

我们安家在房梁

燕子哪里得罪你

如此狠心①把子藏

人人都有父和母

燕子也有母和父

父母都把子女疼

燕子跟人是一样

官府的人这才相信公冶长真的懂鸟语，就把他放了。因为这件事，公冶长得到一个教训，做人一定要守信。

后来，公冶长跟孔子学习礼仪（etiquette），是一个非常好的学生。不仅孔子喜欢他，孔子的女儿也爱上他了。于是，孔子就把女儿嫁（marry）给了公冶长。

---

① 狠 心（heartless or cruel）。

知行练习

1. 公冶长说是乌鸦害他，乌鸦为什么报复公冶长呢？

2. 小朋友们听说过《狼来了》的故事吗？没有的话，请父母或老师讲一讲。

3. "吹牛皮"是什么意思，你喜欢和爱"吹牛皮"的人做朋友吗？

"信" 第二讲

经文

奸巧语　秽污词　市井气　切戒之
见未真　勿轻言　知未的　勿轻传

Abstain from using deceitful or dirty words;

Abstain from having vulgar manners.

If you are not sure about what you see, do not tell it indiscreetly;

If you are not sure about what you know, do not spread it indiscreetly.

字词学习

1. 奸　cunning
2. 词　word
3. 市井　vulgar
4. 戒　abstain

5. 未　have not
6. 的　true; clear
7. 传　pass on

故事会

dào tīng tú shuō
道 听 途 说

从前，齐国（Qi kingdom）有个人叫毛空，特别喜欢乱说话。

有一天他见到艾子，神秘地说："艾子，你听说了吗？有人养了一只鸭子（duck），一天能下一百多个蛋。"

艾子知道毛空的毛病，只是笑笑。毛空看艾子不相信的样子，就改 口 （change words）说："那就是两只？最多三只，不能再多了。三只鸭子一共一百多。"

艾子仍是笑，一句话也不说。毛空急了："好了好了，爱信不信。再告诉你一件怪事，有人亲 眼（with one's own eyes）看见的，天上掉下来一块肉，有院子那么大。"

艾子实在听不下去了，就问："天上掉大肉，谁看见的？掉在谁家院子里了，我去看看。"

被艾子这么一问，毛空回答不上来了，他只好支支吾吾（falter）地说："我也是在路上听人家说的。"

孔子说："道听而途说，德之弃也。"意思就是路上听来的话，也不管是真是假，就在路上说出去，有品德（morality）的人不会这样做。

文化扩展

正与歪

经文里说的"市井气"，类似的词语如"歪风邪气"。你看这个"歪"字多有趣，"不正"就是"歪"。

"歪"可要不得，"正"才是我们应该有的品德。在汉语里有很多跟"正"有关的词，而且都是好词，下面这些词你知道吗？如果不懂就请你的老师或父母讲一讲：

- 正直、正气、正义、正经、正道、正事
- 正人君子、堂堂正正、方方正正、端端正正

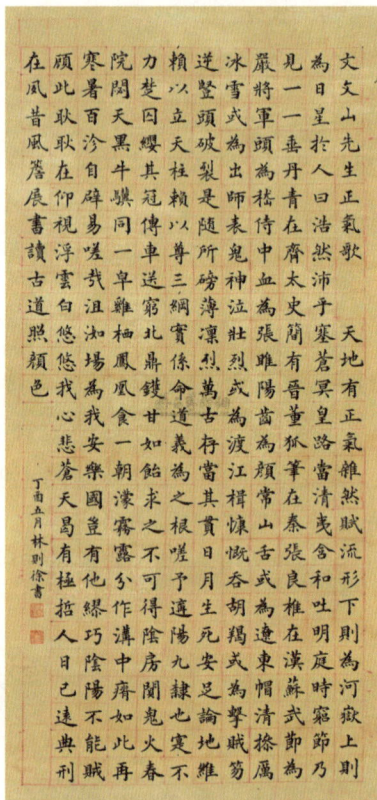

文天祥《正气歌》（林则徐书）

知行练习

1.《道听途说》这个故事体现的是经文中的哪几句话？如果你是艾子，你会对毛空说什么呢？

2. 中国有个成语叫"三人成虎"，你知道是什么意思吗？类似的成语还有哪些呢？

3. 有关文天祥和林则徐的故事，可以请父母或老师讲一讲。

"信"第三讲

事非宜　勿轻诺　苟轻诺　进退错
彼说长　此说短　不关己　莫闲管

Do not promise to do anything inappropriate;

For you will put yourself in a dilemma whether to do it or not.

Of the same thing, some may approve while others disapprove;

If it does not concern you, do not get involved in it.

字词学习

1. 诺　promise
2. 苟　if
3. 彼　that; those
4. 此　this; these
5. 莫　do not
6. 闲管　poke one's nose into

故事会

杀不杀
shā bù shā

曾子的太太去集市（market）买东西，儿子哭闹（cry and scream）着要跟着去。这哪儿行呢，儿子还小，集市上人又多，万一走丢了怎么办？没有办法，曾太太只好哄骗（coax）儿子："你乖乖（obediently）在家，等妈妈回来让爸爸杀猪，做红烧肉给你吃，好不好？"听到有肉吃，儿子不再闹着要去集市了，乖乖地在家等妈妈回来。

曾太太从集市上回来，看见曾子正在磨刀（sharpen a knife）。她吃惊地说："孩子他爸，我跟孩子开个玩笑（joke），你也当真？"曾子说："要是咱们对儿子不讲信用（credit），怎么指望（expect）儿子长大后做一个有信用的人呢？"

听曾子这么一说，曾太太左右为难（in a dilemma）了：杀了吧，春节只能闻别人家的肉香了；不杀吧，给儿子做了个说话不算数（honour one's word）的坏榜样。曾太太一时不知道怎么办才好。

文化扩展

诺！

"诺"就是"好"或"好的"。

经文里说："事非宜，勿轻诺。苟轻诺，进退错。"意思是说这个"诺"字要小心，不要言而无信。下面我们再学习几个相关的成语：

一言九鼎：一句话说出来像"九鼎"那么有分量。"鼎"是中国古代天下的象征，"九鼎"象征了"九州"，传说是夏禹所铸，很重，也很重要。

一诺千金：许下的一个诺言价值千金。比喻说话算数，极有信用。

一言既出，驷马难追：四匹马拉一辆车也追不上说出口的一句话，意思是说出来的话传得很快。还有一个成语具有同样的意思叫"驷不及舌"。

后母戊鼎（青铜器，商朝后期）　　　　　四羊方尊（青铜器，商朝晚期）

知行练习

1. 是什么原因让曾子之妻这样为难呢？猪到底要不要杀呢？

2. 如果你的妈妈喜欢说张家长李家短，你会怎么劝妈妈呢？

3. 哥哥跟同学一起去河里游泳，怕妈妈骂，不让弟弟告诉妈妈，弟弟该不该答应哥哥呢？为什么？

"信" 第四讲

经文

见人善　即思齐　纵去远　以渐跻
见人恶　即内省　有则改　无加警

When seeing others do good deeds, emulate them;

Even though you are left far behind now, catch up step by step.

When seeing others do wrong, examine yourself;

If you have the same flaws, correct them; if not, stay alert against them.

字词学习

1. 善　good；kind

2. 纵　even though

3. 渐　gradually

4. 跻　catch up

5. 改　correct

6. 警　warning

西施是个大美女。美女也会闹个头疼脑热什么的，西施就有个心口疼的病，疼起来的时候也很难受。但美女就是美女，即便（even if）她手按心口、微微皱眉（frown），也仍然很好看。

东施与左思
dōng shī yǔ zuǒ sī

jí biàn

zhòuméi

丑女东施看到西施皱眉的样子，哎呀，美得不得了！她想，原来手按心口、微微皱眉就可以很美，我也可以这样啊。于是，她就把两条拖把一样的眉毛皱起来，找人多的地方，抱着肚子，歪着肩膀，走过来，走过去，生怕（for fear of）没人看见。后来，人们一看见她来了，就赶紧躲开。

shēngpà

东施很生气、很委屈（aggrieved）："人家见贤思齐（emulate those better than oneself），有什么错嘛！"

wěi qū   jiàn xián sī qí

美女招人爱，美男也一样。潘安是西晋（Western Jin Dynasty）时候的美男子，据说女粉丝（fan）众多，每次出门回来，车上都会装满粉丝们给他的水果，不要

pān ān   xī jìn

fěn sī

都不行啊，硬往车上扔。左思羡慕得不得了，就穿上漂亮衣服，驾上车子，像潘安那样出门游玩。看到这个 装 模 作 样（affected）的小个子，女人们都冲他直 吐唾沫（saliva）："呸！呸！呸！丑死了！丑死了！"

　　像东施一样，左思也很受打击（hit）。跟东施不一样的是，左思关起门来想了好几天："见"什么"贤"？"思"什么"齐"？后来他终于想明白了，长什么模样自己不能做主，想也没有用，应该想点可以"思齐"的。他想：既然我长得不漂亮，那就做出点漂亮事给你们看看。

　　从此，左思发奋学习，决心写出顶顶漂亮的文章。经过整整十年，左思终于写出一篇人人都喜欢的文章。为了抄写他的这篇文章，大家抢着去商店里买纸。一时间，洛 阳（name of a city）的纸比平时贵了好几倍。

　　小朋友，上面的故事里有五个成语：东施 效（imitate）颦（frown）、貌若（look like）潘安、掷（throw）果 盈（fill）车、洛阳纸贵、见贤思齐。怎么样，能记住吗？

文化扩展

天天都要"警"

　　"警"这个字，上面一个"敬"，是恭敬小心的意思，下面一个"言"，表示说话，"敬"和"言"合在一起，是告诫我们说话做事要小心谨慎。后来慢慢就有了警惕、警示、警察等词。"警察"本来是"小心观察"的意思，可不是今天的警察（police）。

　　有的小朋友可能会想了：每天都要"警"，累不累呀？其实，"警"也就是个习惯，习惯了就不累了，而且，比如下面的这些图，不"警"，行吗？

必须系安全带 必须戴安全帽 必须穿防护鞋 必须戴防护手套

止步 高压危险 注意安全 当心吊物 当心坠落 当心落物

禁止吸烟 禁止用水灭火 禁止启动 禁止触摸 禁止跳下 禁止攀登

知行练习

1. 说说看，东施效颦为什么会被人笑话？

2. 看见地上有香蕉皮，你嫌脏不捡，别的同学却弯腰捡了起来，扔到垃圾桶里。你会怎样想呢？

"信" 第五讲

经文

唯德学　唯才艺　不如人　当自砺
若衣服　若饮食　不如人　勿生戚

Only in terms of morality, learning and various skills,

If you are inferior, encourage yourself to do better.

But in terms of clothes and food,

If you are inferior, do not feel sad.

字词学习

1. 唯　only

2. 艺　skills

3. 砺　encourage

4. 若　if

5. 戚　distress

故事会

mù jī tuǐ
木鸡腿

从前有个小伙子，父母病逝（die of illness）得早，只留下他一个人。本来还算富裕的家，因为父母的病，现在也已经是穷得叮当响了。小伙子瘦得皮包骨头，用现在的话说，"都瘦成照片了"。别看他瘦，每天早出晚归（go out early and come back late）地干活，走路都一阵风，好像有使不完的劲儿。

有天晚上，邻人从他门前路过，窗户没关好，漏出一道黄光。这么晚了还不睡，干什么呢？邻人也是好奇，把脸贴上去一看——呀！这个穷小子竟然在啃鸡腿！怪不得有劲儿，原来半夜三更吃这个呀！

邻人把他的所见传出去，有人信，也有人不信。于是，每到夜晚，只要这个穷小子的窗缝里有灯光泻（pour）出来，就有人趴到窗缝上往里看。天呐，是真的！小油灯跳动着一圈黄光，灯光下，只见他坐在小桌子前，左手拿着窝头（steamed corn bread），右手捏（hold）着一根肥大的鸡腿，还在一个盘子里蘸（dip）蘸，香香地送到嘴巴边上去，隔着门缝好像都能闻到鸡腿的香味了……唉！偷看的人把头缩回来——谁看到这里都只能自认命薄（bad destiny）了。

有一个十来岁的小孩，听到鸡腿馋（greedy on food）得慌，吃不到看看也好，鼓着眼睛连看了几夜。有一天早晨，他叫了一帮孩子，等那穷小子扛起锄头一出门，他们便一拥而进，在一个冷瓦罐（earthen jar）里摸出两样东西来：一个是盛盐水（hold salt water）的小盘子；另一样是个木鸡腿！

1.《木鸡腿》故事中的这个小伙子会吃一辈子的木鸡腿吗？为什么？

2. 小明本来学习很努力，但是成绩不是很理想，后来他就不想学习了。如果你是小明的朋友，你会怎么鼓励他呢？

"信" 第六讲

经文

闻过怒　闻誉乐　损友来　益友却
闻誉恐　闻过欣　直谅士　渐相亲

If you get angry at criticism, but happy at praises,

Bad friends will come to you while good friends stay far away.

If you get uneasy about praises but appreciative of criticism,

Sincere and understanding people will gradually be close to you.

字词学习

1. 怒　angry

2. 誉　praise；compliment

3. 损　bad

4. 益　good

5. 恐　worried

6. 欣　appreciative

7. 直　straightforward

8. 谅　understanding

9. 士　gentleman

故事会

bā fēng chuī bù dòng
八风 吹不动

sū shì　　hé shàng
苏轼跟佛印和尚（Buddhist monk）是好朋友，这两个人在一起，有很多有趣的故事。

pú tuán
有一天，苏轼闲来无事，坐在蒲团（cattail hassock）上休

dǎi
息，突然好像有些明白，什么是是非非，好也罢，歹（bad）

lián huā
也罢，统统可以丢在脑后，就这样端坐在蒲团上，好像佛坐在莲花（lotus flower）台上一样，安静自在，不是很好吗？于是一首诗就作成了：

> 稽首天中天
> 佛光照大千
> 八风吹不动
> 端坐紫①金莲

jī shǒu　　　　　　　　　　　　　fó tuó
"稽首"就是"叩头"，"天中天"指的是"佛陀（Buddha）"，"大千"就是"世界"，"八风"简单说是指八面来风，也指各种各样的烦恼。这首诗的意思是：

méng shòu
向佛陀跪拜，蒙受（receive）佛光普照，我的心已经不再受到外界的干扰了；东

rèn píng
西南北风，任凭（no matter）它怎么吹，我都安然不动，好比佛陀坐在莲花上一样。

jīn shān sì
诗写出来，苏轼很得意，他让书童把诗送给江对面金山寺（Jinshan Buddhist Temple）的佛印，心想佛印一定会大大地夸奖一番。

看完苏轼的诗，佛印在上面写了一个"屁"字，让书童带回。这个"屁"字让苏轼火冒三丈，他立即划船过江，找佛印理论。

来到金山寺，还没见到佛印，先看到佛印房门口贴了两行字：

> 八风吹不动
> 一屁打过江

意思是：你看看，你看看，知道你会来找我理论，一个"屁"字都受不了，还

_____

zǐ
① 紫（purple）。

"八风吹不动"呢？"闻过怒，闻誉（praise）乐"说的就是你呀。

文化扩展

损友、益友

损友是：不走正路的人、表里不一的人、花言巧语的人。益友是：正直的人、诚信的人、见闻广博的人。

在中国的文化里，花花草草也有品格，有的就像益友、像君子。它们是：梅、兰、竹、菊。梅花：不畏冰雪；兰花：美丽高雅；竹：正直谦虚；菊：甘居人后。

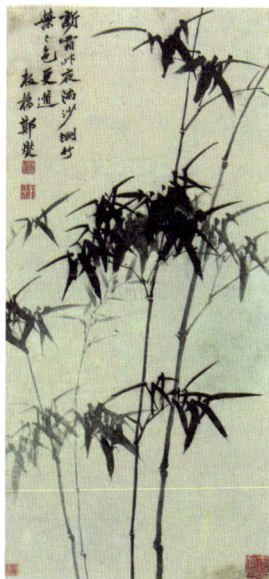

竹兰图（清代郑板桥）

知行练习

1. 如果你的好朋友当面指出你做错的地方，你会生气吗？为什么？

2. 苏轼和佛印还有很多趣事，可以找来看看，或者请你的父母再讲一些。

"信" 第七讲

经文

无心非　名为错　有心非　名为恶
过能改　归于无　倘掩饰　增一辜

If you do wrong unintentionally, it is called a mistake;

If you do wrong intentionally, it is called an evil.

If righted, the wrong you have done is removed;

If disguised, the wrong you have done is doubled.

字词学习

1. 归于　end up with
2. 掩饰　cover up; disguise
3. 增　increase
4. 辜　fault; wrong

故事会

fù jīng qǐng zuì
负荆 请罪

lián pō　zhào guó
廉颇是赵 国（Zhao Kingdom）的老将军，为赵国出生入
róng　　　　　　　　　　　　　　　　　bì
死，戎马一生（military life）。因为"完璧归赵（return the
jade intact to Zhao）"的事情，蔺 相 如后来居上，名 望
（renown）超过了廉颇。

yáng yán
　　廉颇觉得自己的功劳远在蔺相如之上，所以很不服气。他扬 言（threaten）
说："下次见到蔺相如，一定给他难看！"

chéng xiàng
　　蔺相如就故意躲着廉颇，不和他碰面。有人问蔺相如："您是 丞 相（mini-
ster），干吗这样怕廉颇呢？"蔺相如说："不是怕廉将军，我和廉将军就像赵王的
左右手，要是两只手自己打起来了，赵国就危险了！"

sù rán qǐ jìng
　　蔺相如的言行令廉颇肃然起敬（be filled with deep veneration），也让廉颇认识
bǎng　　　　　　　　　　　　　　　　　　　　　　　　　　　zé
到了自己的错误。他脱下上衣，背上 绑（tie）了荆条，跪在蔺相如家门前请求责
fá
罚（punishment），让蔺相如用荆条打他。

　　廉颇知错能改，也赢得了蔺相如的尊敬，两人成了好朋友。

知行练习

1．负荆请罪表现了老将廉颇的什么美德？你愿意向廉颇学习吗？

2．《完璧归赵》这个故事你知道吗？不知道的话就请爸爸妈妈或老师讲一讲吧。

3．老师要大家把试卷带回去给家长签名，小明同学考得不好怕挨骂，就想模仿爸爸的笔迹，自己签名，他可以这样做吗？

世界华人弟子规

第五章　练一练

一、选一选，找拼音

zhà	xī	yān	nìng	huì	gǒu	nuò
jī	jǐng	lì	qī	xīn	liàng	gū

砺（　）　　欣（　）　　谅（　）　　辜（　）　　戚（　）

跻（　）　　诈（　）　　佞（　）　　诺（　）　　奚（　）

苟（　）　　焉（　）　　警（　）　　秽（　）

二、读一读，写一写

（一）

唯＿＿学　　　唯＿＿艺　　　不如人　　　当＿＿砺

若衣服　　　若饮食　　　不如人　　　勿＿＿戚

（二）

无＿＿非　　　名为＿＿　　　有心非　　　名为恶

＿＿能改　　　归于＿＿　　　倘掩饰　　　增＿＿辜

三、理一理，顺一顺

①苟轻诺　　　②此说短　　　③勿轻诺　　　④不关己

⑤进退错　　　⑥彼说长　　　⑦莫闲管　　　⑧事非宜

正确的顺序：＿＿＿＿＿＿＿＿＿＿＿＿＿＿＿

①以渐跻　　　②即内省　　　③见人恶　　　④无加警

⑤即思齐　　　⑥有则改　　　⑦见人善　　　⑧纵去远

正确的顺序：＿＿＿＿＿＿＿＿＿＿＿＿＿＿＿

①渐相亲　　　②闻誉乐　　　③损友来　　　④益友却

⑤闻誉恐　　　⑥闻过怒　　　⑦直谅士　　　⑧闻过欣

正确的顺序：＿＿＿＿＿＿＿＿＿＿＿＿＿＿＿

四、文字迷宫

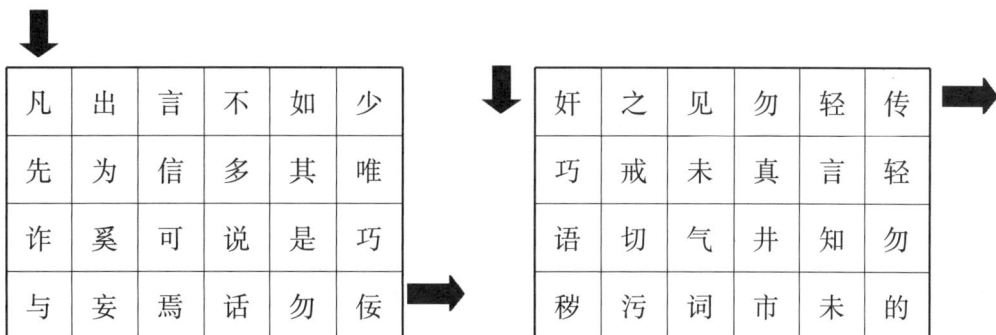

凡	出	言	不	如	少
先	为	信	多	其	唯
诈	奚	可	说	是	巧
与	妄	焉	话	勿	佞

奸	之	见	勿	轻	传
巧	戒	未	真	言	轻
语	切	气	井	知	勿
秽	污	词	市	未	的

第六章

泛爱众

本章导读

　　"孝悌"是对父母、长辈、兄弟姐妹的爱；"谨信"是对自己的爱。我们要让"爱"长成一棵大树，让爱的绿叶给大家带来一片清凉，让爱的花果给大家带来一缕香甜——这就是"凡是人，皆须爱"，这就是"大爱"。有"大爱"的世界才是好世界。

About this chapter

　　"Filial piety" and "care-and-respect fraternal love" are the ways of loving our parents, brothers and sisters; "caution" and "honesty" are the ways of loving ourselves. Then we need to nurse philanthropy—to love all people—a big love. Love can grow into a big tree, whose green foliage gives everyone cool shade, and whose blossoms and fruits give everyone sweetness. Big love gives this world brightness.

本章经文

fán shì rén 凡是人	jiē xū ài 皆须爱	tiān tóng fù 天同覆	dì tóng zài 地同载
jiāng jiā rén 将加人	xiān wèn jǐ 先问己	jǐ bù yù 己不欲	jí sù yǐ 即速已
cái dà zhě 才大者	wàng zì dà 望自大	xíng gāo zhě 行高者	míng zì gāo 名自高
jǐ yǒu néng 己有能	wù zì sī 勿自私	rén suǒ néng 人所能	wù qīng zī 勿轻訾
wù chǎn fù 勿谄富	wù jiāo pín 勿骄贫	wù yàn gù 勿厌故	wù xǐ xīn 勿喜新
dài xià shǔ 待下属	shēn guì duān 身贵端	suī guì duān 虽贵端	cí ér kuān 慈而宽
rén bù xián 人不闲	wù shì jiǎo 勿事搅	rén bù ān 人不安	wù huà rǎo 勿话扰
rén yǒu duǎn 人有短	qiè mò jiē 切莫揭	rén yǒu sī 人有私	qiè mò shuō 切莫说
dào rén shàn 道人善	jí shì shàn 即是善	rén zhī zhī 人知之	yù sī miǎn 愈思勉
yáng rén è 扬人恶	jí shì è 即是恶	jí zhī shèn 疾之甚	huò qiě zuò 祸且作

善相劝　德皆建　过不规　道两亏

凡取与　贵分晓　与宜多　取宜少

恩欲报　怨欲忘　报怨短　报恩长

势服人　心不然　理服人　方无言

"泛爱众" 第一讲

经文

凡是人　皆须爱　天同覆　地同载

将加人　先问己　己不欲　即速已

All human beings, whoever he is, should be loved;

All are sheltered by the Heaven and nestled by the Earth.

Before you do onto others, ask yourself first;

If you would not have them do onto you in the same way, stop it immediately.

字词学习

1. 皆　all; each and every

2. 覆　shelter

3. 载　carry

4. 欲　want

5. 速　quickly

6. 已　stop

有一天，汤王（商朝的第一个国王）看见一个猎人正在张网打猎。

故事会

wǎng kāi yī miàn
网 开 一 面

这个猎人东、西、南、北张了四面网，口中还 念 念有词（mutter incantations）说："天上飞的，地下跑的，从四面八方来的，都让它们落入我的网中吧！"

tān lán　　　　　cán rěn
汤王想：这样未免太贪 婪（greedy）、太残 忍（cruel）了。他走上前对猎人说：
shēng lù
"这位老兄，打猎也要为动物留条 生 路（way out）啊！"他命人去掉了猎人的三面
zhù dǎo
网，只留下一面，并教给猎人一个新的祝 祷（pray）词：

从前蜘蛛①织网

如今人们学样

可爱的鸟儿啊

能高飞，就高飞

能低翔，就低翔②

撞③上我的网

可要把命丧④

zhīzhū　　　　xiáng　　　　zhuàng　　　　sàng
①蜘 蛛（spider）。② 翔（fly）。③ 撞（nock）。④ 丧（lose）。

这样也是"爱"

"爱"字原本写作"愛"。有人说：你看，"爱"把"心"都去掉了，还怎么"愛"？话不能这样说，"心"并不是只会"愛"，还会"羡慕嫉妒恨"呢。

"爱"字还可以这样解释："爱"的下面是朋友的"友"，"友"的古字形是两只手，两只手紧紧地握在一起，是"友爱、友好"的意思，这不是也很好吗？

1. 对《网开一面》这个故事，你有什么感想呢？生活中，我们该如何爱护小动物呢？

2. 弟弟吃橙子的时候觉得很酸，就把橙子给哥哥吃，这样做对吗？为什么？

"泛爱众" 第二讲

经文

才大者　望自大　行高者　名自高
己有能　勿自私　人所能　勿轻訾

People with great abilities will have high reputation;
People with good deeds will have wide recognition.
If you have great ability, use it not for yourself alone;
If others have great ability, do not treat it with scorn.

字词学习

1. 私　selfish

2. 訾　slander

故事会

chī bǐng biān
吃 饼 边

王安石是宋朝时候的文学家，他不但"才大"，而且"行高"，下面是关于他的几个小故事。

bǐng
有一次家里来了个亲戚，吃东西特别挑，吃饼（pie）只
xiàn ér
吃中间有馅儿（filling）的地方，把饼边都剩下来。王安石也
mù dèng kǒu dāi
不说什么，把亲戚剩下的饼边都吃掉了。这个亲戚看得目 瞪 口 呆（dumbfoun-
bǎng yàng
ded），从此王安石也就成了他的 榜 样（model）。

又有一次，有人跟王安石的夫人说："先生爱吃鹿肉。"王夫人问："你怎么知道先生爱吃鹿肉？"那人说："先生把眼前的一盘鹿肉全吃完了，别的菜动都没有动。"王夫人说："下次你把鹿肉放远一点试试看。"果然，王安石只吃了离自己最近的菜，鹿肉一口都没动。

还有一次，夫人看他的衣服旧了，就在他睡觉时悄悄换了一件新衣服放在原处。王安石醒来，穿上衣服，打算出门。夫人问他："这件衣服合身吗？"他说："夫人好奇怪，衣服都穿几年了还问合不合身。"王夫人忍着笑说："我是想按这件衣服给你做件新的。"王安石说："不必啊，这件还挺新的。"

文化扩展

“私”字，过去写作“厶”，古字形是，意思是：只围着自己打转转，只知道为自己的人是自私的。“公”的甲骨文是，上面看起来像个“八”，表示“相背”，跟“私”相反就是“公”了。

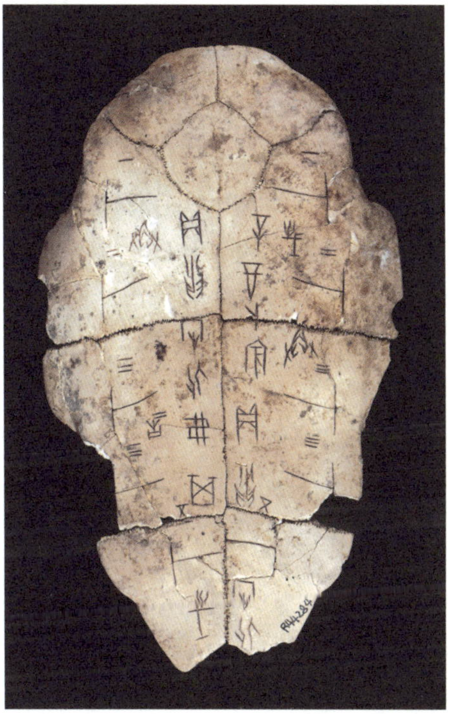

甲骨文残片（商朝）

知行练习

1. 好吃、好玩、好看的东西，你会不会跟朋友们“公”一下呢？

2. 你的一个同学常常问你数学题，但这次数学考试成绩却比你好，以后他再问你问题，你还会教他吗？

"泛爱众" 第三讲

经文

勿谄富　勿骄贫　勿厌故　勿喜新
待下属　身贵端　虽贵端　慈而宽

Neither flatter the rich nor despise the poor;
Neither dislike the old nor prefer the new.
In front of your inferiors, keep dignified;
Meanwhile be kind and generous.

字词学习

1. 谄　flatter
2. 富　the rich
3. 骄　despise
4. 贫　the poor
5. 厌　dislike

6. 待　treat
7. 下属　subordinate; inferior
8. 虽　in spite of; even though
9. 慈　kindly

故事会

sòng hóng rén hǎo
宋弘人好

湖阳公主是东汉第一个皇上刘秀的姐姐，年纪轻轻却死了丈夫。

一个人多孤单啊，刘秀想帮姐姐再找一个丈夫。他问姐姐："在我的臣子（official under a feudal ruler）里面，你最喜欢哪一个？"姐姐说："宋弘人好，长得也……"刘秀笑道："没问题，包在我身上。"给公主做丈夫是多美的事儿！谁会不愿意呢？况且，皇上做媒（be a matchmaker），谁又敢不愿意呢？

于是刘秀找来宋弘，告诉他公主的意思。宋弘说："皇上，虽然臣的妻子比不上公主，可她是臣的妻子。古人说'贫贱（poor and lowly）之交不可忘，糟糠之妻（wife who has shared her husband's hard lot）不下堂'。无缘无故（without reason）丢下妻子，臣就是不仁不义的人，这样的人，您看配得上公主吗？"一句话问得刘秀哑口无言。

刘秀愣（dumbstruck）了半天，感叹（sigh with mixed feelings）道："难怪公主喜欢你！"但从此以后，他再也不跟宋弘提这事，公主也只好另嫁他人了。

文化扩展

诒 〇 陷

　　"陷阱"的"陷"本来写作"臽"，古字形是 臽，画的是一个人掉进了坑里。"谄"左边是"言"，右边也是"臽"，意思是：拍马屁的话语就是 臽。

　　我们可得小心，可别掉进别人用舌头挖的 臽 里。

知行练习

　　1. 故事里，公主说："宋弘人好，长得也……""人好"是什么意思？

　　2. 保姆阿姨不小心把小红的玩具弄坏了，尽管阿姨一再道歉，小红仍然大声骂阿姨。小红这样做对吗？为什么？

"泛爱众" 第四讲

经文

人不闲　勿事搅　人不安　勿话扰
人有短　切莫揭　人有私　切莫说

If a person is busy, do not bother him with more matters;

If a person feels disturbed, do not upset him with more words.

If a person has shortcomings, do not disclose them;

If a person has secrets, do not reveal them.

字词学习

1. 搅　bother

2. 扰　bother

3. 揭　expose

故事会

hú sān ā hú sān
胡三啊胡三

明朝的时候有个胡三，又懒又馋，还大嘴巴。

zhū
"朱（family name）皇上是我哥们儿！"这是他最喜欢说的一句话。

有一次，他又跟人家吹牛皮："信不信，只要我一句话，皇上就得给我个官做。""那你还等什么？赶快去呀！做个大官给我们看看。"有人

sǒng yǒng
就怂恿（incite）他。

zhāng
这一天，胡三来到南京，见到了皇上朱元璋。见到儿时的伙伴，朱元璋也很高兴。哪知道，胡三的大嘴巴病又犯了，为了表明自己跟皇帝是多么熟悉，他就把朱元璋小时候的丑事一件件地说出来。什么裤子露屁股啦，偷东西被人打啦，要饭被狗咬啦……在场的人听了都忍不住偷笑。

jiē
朱元璋可笑不起来，没想到胡三把自己的老底都揭（expose）了，这脸上啊，是一阵红一阵白的，鼻子都气歪了。"胡三！赶紧给我滚，快点滚，滚远点，免得我后悔。"

得！官儿没当成，还差点儿掉了脑袋。

文化扩展

平安是福

"安"是中国文化最重视的一个字：平安、安全、安康、安心、安详、安宁、安乐、安定、安居。中国人希望年年平安，岁岁平安。千言万语化成一句话：平安是福。

知行练习

1. 故事中，胡三哪里得罪了朱元璋？

2. 你有道题不会做，正想问你的好朋友，却发现他闷闷不乐，你该怎么做呢？

3. 上面的图里画了竹子，还有"竹报平安"四个字，为什么"竹"能"报平安"呢？

"泛爱众" 第五讲

经文

道人善　即是善　人知之　愈思勉
扬人恶　即是恶　疾之甚　祸且作

Praising the good deed of others is in itself a good deed;
When hearing the praise, the praised will be more encouraged.
Gossiping the evil deeds of others is in itself an evil deed;
If your gossip goes too far, you may bring about disaster on yourself.

字词学习

1. 愈　even more
2. 勉　encourage
3. 甚　extreme

4. 祸　misfortune
5. 且　will
6. 作　happen

文化扩展

善的上面是一个"羊"，下面是两个"言"，原本的意思是指羊肉味美，两个"言"表示连连称赞。"善"表示美味的意思还在"膳"中看得出来，并慢慢地泛指一切美好的言行。

"夸人善，是己善"，你夸奖别人，说别人的好话，别人得到了鼓励，就会更加向善，所以这就等于是自己做了好事。

"良言一句三冬暖，恶语伤人六月寒"，说实话未必是好，说好话才是真的善。

知行练习

有人跟你说小明以前偷过东西，你会不会又告诉别人呢？为什么？

"泛爱众" 第六讲

经文

善相劝　德皆建　过不规　道两亏
凡取与　贵分晓　与宜多　取宜少

If you encourage each other to do good, both will do good;

If you do not dissuade each other from doing wrong, both will do wrong.

It is important to distinguish giving and taking;

It is better to give more and to take less.

字词学习

1. 劝　encourage

2. 建　build up

3. 亏　lose

4. 取　take

故事会

liù chǐ xiàng
六 尺 巷

清朝的时候，张家和吴家是邻居，平日里你来我往，关系还不错。有一天，吴家人想重新盖房子，顺便想把地基 dì jī（house foundation）扩宽一些。这下张家可不高兴了。

原来，这两家中间有条走道，两家都各自觉得是自己的地皮 dì pí（land）。吴家要扩宽房基地，张家就觉得自己吃了亏 kuī（suffer loss）。真是"公说公有理，婆说婆有理"，吴家要盖，张家不让，吵来吵去，谁都不让谁。

张家有个儿子在京城做大官，一纸家书就送到了京城。儿子收到家书，还以为家里出什么大事儿了，看完信后，笑了笑，回了封信：

一纸书来只为墙，
让他三尺又何妨①。
长城万里今犹②在，
不见当年秦始皇③。

张家人看完信后，主动退让三尺。吴家见张家礼让三尺，很是感动，也后退了三尺。这才有了今天的"六尺巷"。到中国旅游时，有机会可以去看看，地点在安徽 ān huī（name of a province）桐 城 tóng chéng（name of a city）。

hé fáng　　　　yóu　　　qín shǐ huáng
①何 妨（why not）。②犹（still）。③秦 始 皇（the first emperor of China）。

文化扩展

吃亏是福

　　下面的两幅字是中国古代一个叫郑板桥的人写的。很多人会把这两幅字挂在家里。"吃亏"怎么"是福"呢？听起来怪怪的。还有"难得糊涂"，听起来也是怪怪的，聪明还不够呢，要糊涂干什么？这个郑板桥怎么净说这样的"怪"话，到底是什么意思呢？问一问你的父母或老师吧！

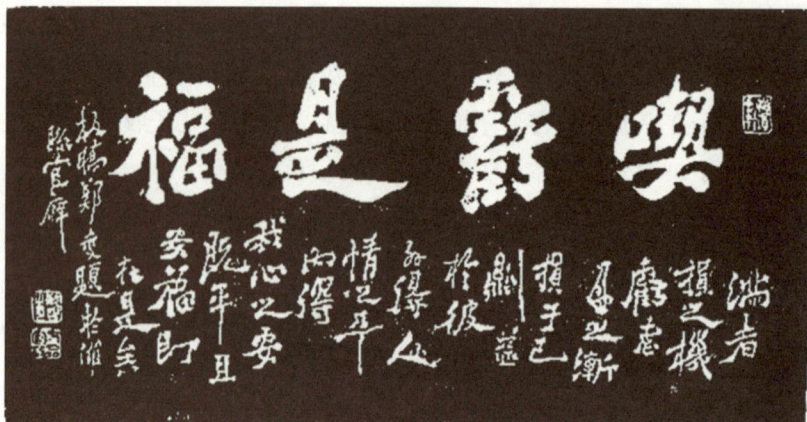

知行练习

　　1. "六尺巷"是真实的故事，张家在京城做大官的人叫张英。说说这首诗是什么意思？你觉得诗中的哪个字最重要？
　　2. 你能接受好朋友指出你的缺点吗？为什么？

"泛爱众" 第七讲

经文

恩欲报　怨欲忘　报怨短　报恩长
势服人　心不然　理服人　方无言

Kindness should be repaid; hatred should be forgotten;

Repay hatred for a short time, but kindness for long.

If you subdue people by power, their hearts don't submit;

If you convince people by reason, they have no words of objection.

字词学习

1. 恩　kindness

2. 怨　hatred

3. 忘　forget

4. 势　power

故事会

yīng xióng zhī sǐ
英雄之死
gāi guài shuí
该 怪 谁

duō kuī
天上曾经出现过十个太阳，把大地都烤干了，多亏
hòu yì
（thanks to）了后羿，射下来九个太阳，留下了今天的这个。

páng méng
　　逄　蒙 羡慕后羿的本领，拜后羿为师，学习射箭。在后羿的教导下，逄蒙的箭法也达到了百发百中的水平。这时候，逄蒙就起了坏心：如果杀掉后羿，自己就是天下第一了。

gōng
　　有一天傍晚，后羿打猎归来。突然，一声 弓 （bow）响，一支箭向他眼前飞来。后羿忙抽出一支箭射出去。两支箭"啪！"的一声撞在一起，火花四射，变成一个"人"字，掉在地上。紧接着又一箭飞来，后羿再射出一支箭把它击落。一连九箭，都被后羿射出的箭击落。又一支箭飞来，此时，后羿的箭已经射光了，只见后羿大叫一声，倒在地上，箭直直地插进他的嘴里。

　　逄蒙走过来，看着死去的后羿，他说："我是天下第……"后羿忽地坐起来，
pū
"噗"一口把箭吐在地上，"你还差得远呢！"没想到，箭能被师傅咬在嘴里，逄蒙
ráo mìng　　　　　　　　　tú dì
被吓坏了。他连忙跪倒认罪，"师傅饶 命（spare my life），徒弟（apprentice）一时糊涂，再也不敢"。

　　从此，逄蒙每天跟着后羿打猎，好像很听话、很恭顺的样子。可是有一天，就在后羿仰头射箭的时候，逄蒙一棍打在后羿的头上。

　　逄蒙杀后羿，后羿有错吗？我们接着看下面这个故事：

zhèng guó dǎ zhàng zhuó gōng
郑国（Zheng Kingdom）跟卫国打仗（have a war）。郑国的濯公突然

zhī sī
生病，拿不动弓，也就无法射箭了，他只好赶快逃走。卫国的将军之斯紧紧追来，

yǎn kàn
眼看（soon）要追上了。

濯公问车夫："追我的人是谁？"车夫答道："是之斯将军。"濯公说："那我不会死了。"车夫问为什么，濯公说："之斯是跟之他学的箭，之他是跟我学的箭。之他是个有情有义的人，他教的学生也应该错不了。"

果然，之斯没有放箭，追上来问："先生为什么不拿弓呢？"濯公说："我病了。"之斯说："既然您病了，我不忍心射您，但也不能不射。"说完，他抽出一支箭，敲掉箭头，用箭杆向濯公射了一下，然后就回去了。

文化扩展

报

小朋友，下面这个和尚是中国宋代有名的活佛：济公和尚。你看，他好像在说话，问问父母或老师，他在说什么呢？

济公和尚（1148—1209）（来自百度百科）

知行练习

1．《农夫与蛇》的故事你听过吗？如果没有，请父母讲一讲，如果听过，可不可以讲给别的小朋友听呢？

2．小明故意把你的文具盒藏起来，你找了半天才找到。你会找机会捉弄他吗？为什么？

3．爸爸让你做一件事情，而你想知道为什么，假如爸爸说："不要问为什么，叫你做你就去做！"你觉得这样说好不好？

第六章　练一练

一、选一选，找拼音

fù	zài	zī	cí	miǎn	jiàn
yuàn	shì	yù	huò	lǐ	ēn

覆（　）　　　载（　）　　　訾（　）　　　慈（　）

勉（　）　　　建（　）　　　恩（　）　　　怨（　）

势（　）　　　愈（　）　　　祸（　）　　　理（　）

二、读一读，写一写

（一）

凡是＿＿＿　　皆须＿＿＿　　＿＿＿同覆　　＿＿＿同载

将加人　　　先问＿＿＿　　己不＿＿＿　　即＿＿＿已

（二）

＿＿＿大者　　望白人　　　行高者　　　＿＿＿自高

己有能　　　勿自＿＿＿　　人所能　　　勿＿＿＿訾

（三）

勿谄＿＿＿　　勿骄＿＿＿　　勿＿＿＿故　　勿＿＿＿新

待下属　　　身贵端　　　虽贵端　　　慈而＿＿＿

三、理一理，顺一顺

①贵分晓　　　②过不规　　　③德皆建　　　④道两亏

⑤善相劝　　　⑥取宜少　　　⑦凡取与　　　⑧与宜多

正确的顺序：＿＿＿＿＿＿＿＿＿＿＿＿＿＿＿＿＿＿＿＿

①怨欲忘　　　②势服人　　　③方无言　　　④报恩长

⑤报怨短   ⑥恩欲报   ⑦心不然   ⑧理服人

正确的顺序：_____

四、文字迷宫

人	扰	人	切	莫	揭
不	话	有	短	有	人
闲	勿	安	不	私	切
勿	事	扰	人	说	莫

道	人	善	即	是	善
作	疾	恶	是	即	人
且	之	扬	人	恶	知
祸	甚	勉	思	愈	之

第七章

亲仁

本章导读

　　能做到"泛爱众"，那就是"仁者"了。"亲仁"就是亲近仁者，跟具有博爱情怀的人做朋友。俗话说，"近朱者赤，近墨者黑"。仁者是我们学习的榜样，亲近仁者就等于是免费的学习，慢慢地，我们也越变越好啦。

About this chapter

　　A person who loves all people is a man of benevolence. Please approach the benevolent people, and make friends with them. An old saying goes that those who touch the vermillion will be stained with red while those who touch the ink will be stained with black. The benevolent people are good examples for us to follow. Approach them, learn from them, and slowly we will be more cultivated.

本章经文

同是人 类不齐 流俗众 仁者稀
tóng shì rén　lèi bù qí　liú sú zhòng　rén zhě xī

果仁者 人多畏 言不讳 色不媚
guǒ rén zhě　rén duō wèi　yán bù huì　sè bù mèi

能亲仁 无限好 德日进 过日少
néng qīn rén　wú xiàn hǎo　dé rì jìn　guò rì shǎo

不亲仁 无限害 小人进 百事坏
bù qīn rén　wú xiàn hài　xiǎo rén jìn　bǎi shì huài

"亲仁" 第一讲

经文

同是人　类不齐　流俗众　仁者稀
果仁者　人多畏　言不讳　色不媚

We are all human beings, but of different characters；
Most of us are ordinary；only a few are perfectly virtuous.
The perfectly virtuous are greatly revered by others；
They never fear to tell the truth and never flatter others.

字词学习

1. 类　kind
2. 俗　ordinary
3. 稀　few

4. 讳　avoid
5. 媚　flatter

故事会

pāi mǎ pì
拍马屁

张先生的女儿长大了，到了结婚的年龄，求婚的人不少，嫁给哪家好呢？

这天，张先生新买了一匹马，他请了几个小伙子来家看马，借此机会看看人。

一个小伙子说，好马，好马，古代的千里马也不过如此了。另一个小伙子说，千里马都比不上呢。又一个小伙子说，我作一首诗，你们自己猜这匹马好不好：

水面搁金针

骑马去山阴

骑去又骑来

金针还未沉

大家争着抢着夸马好，只有一个小伙子不说话。张先生问他怎么不说话呢？他说："我真的不懂相马（evaluate a horse），也不敢拍马屁。"

文化扩展

三九七十二

三九应该是二十七呀，有没有算错呢？小朋友，这儿可不是算算数哟。

"三"指的是儒、释、道三教；"九"指的是"九流"，即上、中、下各色人等；"七十二"指的是各行各业。

要每个人做孔子、做佛祖，既不可能也不应该，除了下九流

（下九流是指那些干坏事的人），各行各业都是社会需要的，都要有人做。俗话说
"三百六十行，行行出状元"，做自己喜欢的就好。教师、医师、厨师、机师、警察、
裁缝、画家、音乐家、歌唱家、运动员、飞行员……小朋友，你将来要做哪一
"行"呢？

　　下面的图画是以前的一些行业，猜一猜他们是做什么的？

知行练习

1. 《拍马屁》这个故事体现了哪几句经文?

2. 小朋友,你猜故事中哪个小伙子会被张先生选中呢? 为什么?

"亲仁" 第二讲

经文

能亲仁　无限好　德日进　过日少
不亲仁　无限害　小人进　百事坏

If you stay close to the benevolent people, you will benefit immensely;
Your virtues will be increased and vices diminished.
If you stay away from the benevolent people, you will suffer immensely;
The vicious people will come and whatever you do will fail.

字词学习

1. 无限　immensely

2. 害　harm

故事会

三个小人
sān gè xiǎo rén

管仲是中国古代跟诸葛亮一样聪明的人，他帮助桓公把齐国治理得非常强大。管仲临死的时候，请桓公一定要远离易牙、竖刁、开方这三个人。

易牙是桓公的厨师（chef）。有一天，桓公说："不知道小孩子的肉是什么味道，应该很好吃。"易牙说："我儿子刚好满月（one-month old），回头做给您尝尝鲜。"当天，易牙就把自己的亲生儿子做成了一桌"孩儿宴"。竖刁是桓公的太监（eunuch），别人当太监是被迫（be forced）的，而竖刁是自愿的。开方呢，是桓公的艺人。父亲死了，开方不回家，母亲死了，开方还是不回家看一眼。开方说："我工作很忙，没有时间回家。"

管仲死后不久，桓公就把管仲的提醒（warning）全忘了，因为这三人每天哄桓公开心啊。慢慢地，他们说什么是什么，齐国变得好像是他们三个的了。桓公晚年病危最需要人照顾的时候，他们不但不再照顾桓公，反而把他锁（lock）起来，不准别人见他——这样他们好继续借他的名义行事。

直到有一天，人们看到蛆虫（maggot）从桓公屋子的门缝底下爬出来，这才知道桓公早已被饿死很久了。

文化扩展

君子与小人

我们要"近君子，远小人"。可什么样的人是君子，什么样的人是小人呢？孔子说，"君子喻于义，小人喻于利""君子和而不同，小人同而不和""君子成人之美，不成人之恶"。

中国历史上不乏正人君子，与此同时，阴险小人也是层出不穷。

自古及今的小人中，秦桧可能是最出名的了，他以"莫须有"的罪名加害岳飞父子，被后人唾弃。秦桧死后几百年，一位秦氏后人写下了下面这副对联：人自宋后羞名桧，我到坟前愧姓秦。意思是说：从宋代以后，人家给孩子取名，都不愿意用这个"桧"字，今天我来到岳飞墓前，连自己姓秦都觉得羞愧啊。

岳飞像

知行练习

1. 你还知道历史上哪些"小人"的故事吗？跟大家分享分享。

2. "近朱者赤，近墨者黑"这句话你知道是什么意思吗？不知道的话就问问父母或老师吧。

第八章

学文

本章导读

现在我们来到了全书的最后一章——学文。

前面的章节是对我们品质的培养，好的品质就好比一块"玉"，玉再好，不过是一块石头。"玉不琢，不成器"，学习就是对我们自己的琢磨，有了好的品质，再经过努力学习，就能"成器"，就能"有用"了。

"有余力，则学文"，是不是可以说"我没有余力，就不要学文"呢？不是的，因为"余力"总是有的。《三国志》中有一个故事，说有一个叫董遇的孩子，他是穷人家的孩子，有许多的苦活累活要干，但他很爱学习。人们问他哪里来的时间读书，他说："冬天没有农活，是一年中的空余时间；夜晚不能下地劳动，是一天中的空余时间；雨天不方便出门干活，也是空余时间。用好'三余'就有时间了"，你看，只要想"学文"，就一定有时间、有余力。

About this chapter

This is the last chapter of this book—to pursue knowledge.

The previous chapters aim to cultivate our morality, which is analogous to polishing a piece of rough jade. Jade won't get refined and valuable without being polished; likewise, our morality won't get improved without cultivation.

Does the idea "spend the energy left to pursue knowledge" mean that if we don't have any energy left we don't need to pursue knowledge? Definitely not. Energy can always be found if you want to. A story in The History of the Three Kingdoms tells about a boy named Dong Yu, a child from poor family, who had to do hard labor every day but still pursued knowledge with diligence. When asked how he managed to find the time for books, he replied, "There is no labor in the field in winter, so winter is the spare time of the year. There is no labor in the evening, so evening is the spare time of the day. Labor can't be done on rainy days, so rainy days are also my spare time." So you know, you can always find time and energy as long as you want to.

本章经文

fáng shì qīng　qiáng bì jìng　jǐ àn jié　bǐ yàn zhèng
房室清　墙壁净　几案洁　笔砚正

liè diǎn jí　yǒu dìng chù　dú kàn bì　huán yuán chù
列典籍　有定处　读看毕　还原处

dú shū fǎ　yǒu sān dào　xīn yǎn kǒu　xìn jiē yào
读书法　有三到　心眼口　信皆要

fāng dú cǐ　wù mù bǐ　cǐ wèi zhōng　bǐ wù qǐ
方读此　勿慕彼　此未终　彼勿起

xīn yǒu yí　suí zhá jì　jiù rén wèn　qiú què yì
心有疑　随札记　就人问　求确义

kuān wéi xiàn　jǐn yòng gōng　gōng fu dào　yí wèn tōng
宽为限　紧用功　工夫到　疑问通

bù lì xíng　dàn xué wén　zhǎng fú huá　chéng hé rén
不力行　但学文　长浮华　成何人

dàn lì xíng　bù xué wén　rèn jǐ jiàn　mèi lǐ zhēn
但力行　不学文　任己见　昧理真

zhāo qǐ zǎo　yè mián chí　lǎo yì zhì　xī cǐ shí
朝起早　夜眠迟　老易至　惜此时

wù zì bào　wù zì qì　shèng yǔ xián　kě xué zhì
勿自暴　勿自弃　圣与贤　可学致

"学文"第一讲

经文

房室清　墙壁净　几案洁　笔砚正
列典籍　有定处　读看毕　还原处

Keep the room neat and the walls clean;
Keep the desk tidy and the pens and the inkstone in place.
Keep the classic books in a fixed place;
Put them back when you finish reading them.

字词学习

1. 墙壁　wall
2. 案　desk
3. 砚　inkstone
4. 列　place
5. 典籍　book
6. 毕　finish
7. 处　place

文化扩展

文房六宝

知行练习

1. 你喜欢在一间乱糟糟的书房里学习吗？为什么呢？
2. 我们在阅览室看书，看完后为什么要把书放回原处呢？

"学文"第二讲

读书法　有三到　心眼口　信皆要
方读此　勿慕彼　此未终　彼勿起

There are three methods of reading books;

Make good use of your heart, eyes and mouth.

When reading one book, do not be eager to read another;

Before finishing one book, do not start another.

字词学习

1. 眼　eye
2. 慕　think about
3. 终　complete

故事会

xīn zài nǎ ér
心在哪儿

"弈"就是"下棋（play chess）"。弈秋下棋好，很多人想跟他学棋，他就收了两个聪明的孩子做学生，给他们起名弈虚和弈实。

俗话说，"师傅领进门，修 行（self-cultivation）在个人"。每次上课，弈实 专 心 致 志（focus on）地听讲，弈虚可就不一样了，因为他觉得自己比弈实聪明，上课常常不专心，眼睛在棋盘上，心却飞到了门外。

这天上课，天上传来天鹅（swan）的叫声。弈虚仿佛闻到了天鹅肉的香味儿，心想要是能打下来两只就好了。可是，既没弓，又没箭，还在上课，唉！天鹅"嘎——嘎——"叫着越飞越远，弈虚的心也被天鹅牵着，越飘越远。

"弈——虚——！"弈虚吓了一跳，抬头看见老师正生气地看着他。

一晃半年过去了，老师想看看这俩孩子学得怎么样，就让他们俩下一局。不一会儿，弈虚就输了棋，赢了一个大红脸。

知行练习

1. 小明喜欢边看动画片边写作业，结果总是错很多。小明应该怎么做呢？

2. 小明总是喜欢买很多书放家里，每一本都是看几页就丢在一边，这样做对吗？为什么？

"学文"第三讲

经文

心有疑　随札记　就人问　求确义
宽为限　紧用功　工夫到　疑问通

When you have questions, write them down immediately;
Ask others for correct answers.
Spend lots of time on study, and study hard.
Given enough time and effort, you will thoroughly understand.

字词学习

1. 疑　question

2. 随　anytime；immediately

4. 札记　make note

5. 确　right；accurate

6. 义　answer

7. 通　understand

故事会

gē ge nǐ cuò le
哥哥你错了

从前有一个姓马的书生，读书从来不求甚解，有不明白的也不肯问人。

mèi
有一次他看到"昧昧我思之"这个句子，他想当然地认为，"昧"就是"妹"，"昧昧我思之"就是"妹妹我想她"。

这可错了十万八千里。"昧"左边一个"日"，右边一个"未"，意思是日将出
hūn àn
而未出，天色还比较昏暗（dark）的时候。"昧昧"就是"暗暗地"。"昧昧我思之"，意思就是"暗暗地想，静静地想"。

可巧，有一年考试，作文题目就是"昧昧我思之"。马书生看到这个题目，别
zhuàng yuán
提有多高兴了，"妹妹我想你，这个题目我见过呀，今年的 状 元①肯定就是我了"。于是他就写了一篇"妹妹我想你"。

kǎo guān
考 官（examiner）看到他的卷子，差点没笑死，笑过之后批上一句：哥哥你错了。

①Number One Scholar（title conferred on the one who came first in the highest imperial examination）.

文化扩展

学问和中国功夫

怎样才能有"学问"呢？这个词本身已经告诉了我们。学问——既要"学"，又要"问"。学习的方法也在"学习"这个词中，学习——不但要"学"新的，还别忘了"复习"和"练习"。学习的时候有了"疑问"怎么办呢？那还用说，当然是有"疑"就要"问"了。有人说，汉语是一种很智慧的语言，看来这样说是对的。下面我们看一个有趣的词——功夫。

中国功夫，厉害吧？"功夫"就是"工夫"，"工夫"就是"时间"，指在一件事上花的时间比别人多。花的时间足够多，而且还要用心，用"心"就是用"力"——体力和脑力——这样你就有"功夫"了。李小龙功夫厉害，除了有叶问这样好的老师，更重要的是因为他自己"用功"啊。

李小龙（1940—1973）

知行练习

1.《哥哥你错了》这个故事中的书生按着自己的想法，胡乱理解诗句的意思，闹出了大笑话，对你有什么启发吗？

2."知之为知之，不知为不知，是知也。"这句话是谁说的，是什么意思呢？

"学文" 第四讲

经文

不力行　但学文　长浮华　成何人
但力行　不学文　任己见　昧理真

If you do nothing but just pursue knowledge,
You will only obtain superficial achievement.
If you just do practical work without seeking intellectual improvement,
You will be narrow-minded and blind to truth.

字词学习

1. 浮　superficial
2. 任　arbitrary

3. 昧　ignore

故事会

shì bié sān rì
士别三日

吕蒙本是一介武夫，很勇敢，但没什么文化。有一次孙权
quàn
劝（persuade）他读书，他说："我很忙，没有时间读书。"
孙权说："你再忙还有我忙吗？我每天都要坚持读书呢。"

jī fā
"你再忙还有我忙吗？"一句话激发（stimulate）了吕蒙学
gān xīn
习的决心，从此他再也不甘心（be willing）当一个大老粗（uneducated
person）了。

jiàn jiě
后来有一天，鲁肃找吕蒙商量事情，吕蒙的见解（view）让鲁肃很吃惊。他
guā mù xiāng kàn
夸奖吕蒙说："行啊你呀！"吕蒙笑着说："士别三日，当刮目相看（see some-
body with new eyes）嘛！"本来，鲁肃是看不起吕蒙的，但从此，他跟吕蒙结为
好友。

文化扩展

知 **行** 知

陶行知是中国近代著名的教育家，曾用名陶文浚、陶知行。

"文浚"是小时候家里给起的名，长大后他自己改名"知行"，因为那时他相信王阳明先生的一句话："知者行之始，行者知之成。"

再后来他观察到，很多人重视"知"而轻视"行"，"死读书、读死书、读书死"，还有"书呆子"，都是一个意思。仔细想想，"知"从哪里来？书上来。书从哪里来？行中来。说到底，所有的知识都是从行动中来的。所以，"知者行之始，行者知之成"这句话欠妥，应该改为"行是知之始，知是行之成"才对。

中国的习惯，常常是重要的字放在前面。所以，人到中年，陶先生再一次改名，把自己的名字改为：陶行知。

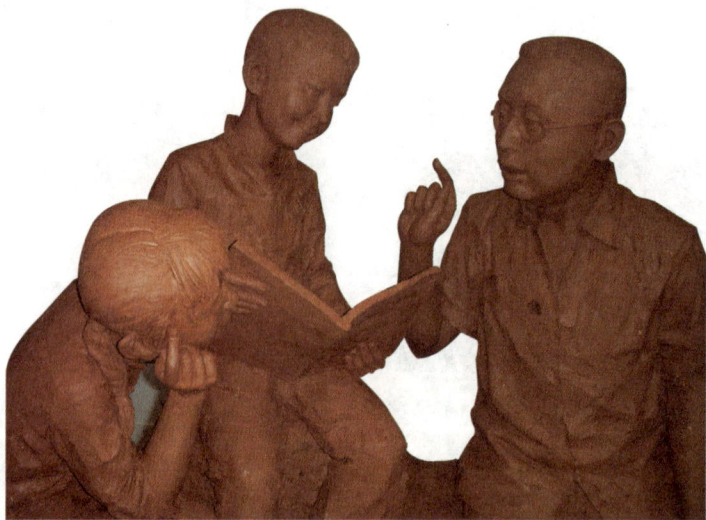

陶行知（1891—1946）

知行练习

1. "死读书、读死书、读书死"是什么意思？我们应该怎样读书？

2. "千教万教，教人求真；千学万学，学做真人"是陶先生说过的话，陶先生还有哪些至理名言，上网查一查吧。

"学文" 第五讲

经文

朝起早　夜眠迟　老易至　惜此时
勿自暴　勿自弃　圣与贤　可学致

Get up early in the morning, and go to bed late at night.

Old age comes soon, so treasure the present.

Neither abandon yourself, nor give yourself up.

Virtues can be attained through persistent efforts.

字词学习

1. 朝　morning
2. 眠　sleep
3. 至　arrive

4. 惜　value
5. 暴　abandon
6. 弃　give up

故事会

dà gōng jī
大公鸡

在中国，各种禽鸟（birds）中，除了凤凰（phoenix），最有名的要数大公鸡了。

你看，天一亮，大公鸡就"喔——喔——"叫起来，像闹钟（alarm clock）一样准时，是不是很守信？看见吃的东西，大公鸡也会"咯咯"叫，招呼大家一起来吃，很有爱心对不对？所以，春节的时候，中国人喜欢剪大公鸡的窗花（paper-cut for window decoration）贴在窗户上。大年初一第一天，被定名为"鸡日"。

可是，在有些民族的传说（legend）里，大公鸡的形象可就不那么好了。

传说大公鸡本来生活在天上，有一天晚上，它的主人叫它去人间打水，告诉它天亮前一定要回来，要不就永远也回不到天上了。公鸡来到了人间，动物们谁也没有见过这样一个嘴巴尖尖、戴着大红帽子的家伙，都吓得到处乱跑。这下公鸡可骄傲了，它挺着胸脯（chest），这里逛逛、那里看看，把打水的事忘了个干净。

眼看天快亮了，还不见公鸡回来。主人就大声地叫它："大公鸡，快回来！大公鸡，快回来！"

公鸡听到了主人的呼唤（call），一下子慌了——水还没打，而且水桶也不知丢在哪儿了。它赶紧找水桶，水桶没找到，东方的天空已经微微露出了鱼肚白（fishbelly white）。它赶紧飞起来，想飞回天上去，可是，已经晚了，它从地上飞到树上，又从树上掉回到地上，再怎么用力也飞不高了。

它冲着天上叫啊叫："喔喔喔，我要回去！喔喔喔，我要回去！"叫啊叫啊，一直叫到现在。可是，有什么办法呢，它再也回不去了。

文化扩展

惜 福

如同人有百年的寿命，我们人生下来本来也是有"百福"的。知道珍惜，这些"福"就是我们的；不知道珍惜，这些"福"就一个一个地飞走了。

那应该珍惜什么呢？珍惜时间、珍惜朋友、珍惜健康、珍惜生命……还要珍惜什么呢？来，说说看。

百蝠瓶（清代）

知行练习

1. "蝠"和"福"同音，像这样的谐音文化在汉语里有很多，说说看，你还知道哪些？如果还想知道更多，可以问问老师或父母。

2. 期末考试，同桌考得不好，他就生气地把卷子撕了，这样做对吗？你要怎么劝他呢？

第八章　练一练

一、选一选，找拼音

yàn	jí	mù	yí	zhá	fú	mèi	bào	qì	xián	zhì	bì

贤（　） 　　　　砚（　） 　　　　慕（　）

暴（　） 　　　　疑（　） 　　　　壁（　）

浮（　） 　　　　弃（　） 　　　　致（　）

籍（　） 　　　　昧（　） 　　　　札（　）

二、读一读，写一写

（一）

读书法 　　　　有___到 　　　　心眼口 　　　　___皆要

方读此 　　　　勿慕彼 　　　　此未___ 　　　　彼勿___

（二）

___有疑 　　　　随札记 　　　　就人___ 　　　　求确义

宽为限 　　　　紧用___ 　　　　___夫到 　　　　疑问通

三、理一理，顺一顺

①还原处 　　②读看毕 　　③墙壁净 　　④列典籍

⑤几案洁 　　⑥房室清 　　⑦笔砚正 　　⑧有定处

正确的顺序：_____

①但力行 　　②任己见 　　③昧理真 　　④长浮华

⑤不力行 　　⑥不学文 　　⑦但学文 　　⑧成何人

正确的顺序：_____

四、文字迷宫

朝	时	勿	勿	自	弃
起	此	自	暴	与	圣
早	惜	至	易	贤	可
夜	眠	迟	老	致	学

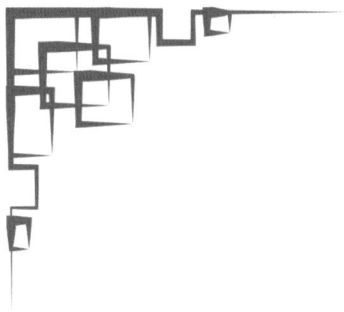

附　　录

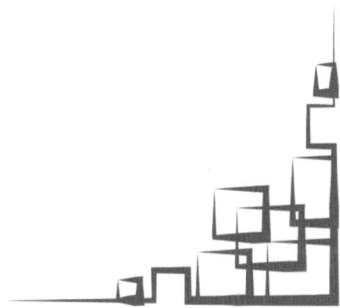

附录一 《世界华人弟子规》全文

总则

弟子规	圣人训	首孝悌	次谨信	泛爱众	而亲仁	有余力	则学文

入则孝

父母呼	应勿缓	父母命	行勿懒	父母教	宜敬听	父母责	宜顺承
冬则温	夏则凊	晨则省	昏则定	出必告	返必面	居有常	业慎变
亲所好	谨为具	亲所恶	谨为去	身有伤	贻亲忧	德有伤	贻亲羞
亲有过	谏使更	怡吾色	柔吾声	谏不入	悦复谏	晓以理	动以情
亲有疾	药先尝	昼夜侍	不离床	亲爱我	孝何难	亲憎我	孝方贤

出则悌

兄道友	弟道恭	兄弟和	孝在中	财物轻	怨何生	言语忍	忿自泯
路遇长	即问好	如距远	把手招	尊长前	声要低	低不闻	却非宜
称尊长	勿呼名	对尊长	勿见能	进必趋	退必迟	问起对	视勿移
或饮食	或坐走	长者先	幼者后	事诸父	如事父	事诸兄	如事兄

谨

晨必盥	兼漱口	如厕后	须净手	冠必正	纽必结	袜与履	俱紧切
置冠服	有定位	勿乱顿	致污秽	衣贵洁	不贵华	上循分	下称家
对饮食	勿拣择	食适可	勿过则	年方少	勿饮酒	饮酒醉	最为丑
步从容	立端正	揖深圆	拜恭敬	勿践阈	勿跛倚	勿箕踞	勿摇髀
缓开门	勿有声	宽转弯	勿触棱	执虚器	如执盈	入虚室	如有人
将入门	声必扬	人问谁	对以名	凡道字	重且舒	勿急疾	勿模糊
用人物	须明求	倘不问	即为偷	借人物	及时还	后有急	借不难
事勿忙	忙多错	勿畏难	勿轻略	斗闹场	绝勿近	邪僻事	绝勿问

信

凡出言	信为先	诈与妄	奚可焉	话说多	不如少	唯其是	勿佞巧

奸巧语	秽污词	市井气	切戒之	见未真	勿轻言	知未的	勿轻传
事非宜	勿轻诺	苟轻诺	进退错	彼说长	此说短	不关己	莫闲管
见人善	即思齐	纵去远	以渐跻	见人恶	即内省	有则改	无加警
唯德学	唯才艺	不如人	当自砺	若衣服	若饮食	不如人	勿生戚
闻过怒	闻誉乐	损友来	益友却	闻誉恐	闻过欣	直谅士	渐相亲
无心非	名为错	有心非	名为恶	过能改	归于无	倘掩饰	增一辜

泛爱众

凡是人	皆须爱	天同覆	地同载	将加人	先问己	己不欲	即速已
才大者	望自大	行高者	名自高	己有能	勿自私	人所能	勿轻訾
勿谄富	勿骄贫	勿厌故	勿喜新	待下属	身贵端	虽贵端	慈而宽
人不闲	勿事搅	人不安	勿话扰	人有短	切莫揭	人有私	切莫说
道人善	即是善	人知之	愈思勉	扬人恶	即是恶	疾之甚	祸且作
善相劝	德皆建	过不规	道两亏	凡取与	贵分晓	与宜多	取宜少
恩欲报	怨欲忘	报怨短	报恩长	势服人	心不然	理服人	方无言

亲仁

同是人	类不齐	流俗众	仁者稀	果仁者	人多畏	言不讳	色不媚
能亲仁	无限好	德日进	过日少	不亲仁	无限害	小人进	百事坏

学文

房室清	墙壁净	几案洁	笔砚正	列典籍	有定处	读看毕	还原处
读书法	有三到	心眼口	信皆要	方读此	勿慕彼	此未终	彼勿起
心有疑	随札记	就人问	求确义	宽为限	紧用功	工夫到	疑问通
不力行	但学文	长浮华	成何人	但力行	不学文	任己见	昧理真
朝起早	夜眠迟	老易至	惜此时	勿自暴	勿自弃	圣与贤	可学致

附录二　《弟子规》原文

总叙

弟子规	圣人训	首孝悌	次谨信	泛爱众	而亲仁	有余力	则学文

入则孝

父母呼	应勿缓	父母命	行勿懒	父母教	须敬听	父母责	须顺承
冬则温	夏则清	晨则省	昏则定	出必告	反必面	居有常	业无变
事虽小	勿擅为	苟擅为	子道亏	物虽小	勿私藏	苟私藏	亲心伤
亲所好	力为具	亲所恶	谨为去	身有伤	贻亲忧	德有伤	贻亲羞
亲爱我	孝何难	亲憎我	孝方贤	亲有过	谏使更	怡吾色	柔吾声
谏不入	悦复谏	号泣随	挞无怨	亲有疾	药先尝	昼夜侍	不离床
丧三年	常悲咽	居处变	酒肉绝	丧尽礼	祭尽诚	事死者	如事生

出则悌

兄道友	弟道恭	兄弟睦	孝在中	财物轻	怨何生	言语忍	忿自泯
或饮食	或坐走	长者先	幼者后	长呼人	即代叫	人不在	己即到
称尊长	勿呼名	对尊长	勿见能	路遇长	疾趋揖	长无言	退恭立
骑下马	乘下车	过犹待	百步余	长者立	幼勿坐	长者坐	命乃坐
尊长前	声要低	低不闻	却非宜	进必趋	退必迟	问起对	视勿移
事诸父	如事父	事诸兄	如事兄				

谨

朝起早	夜眠迟	老易至	惜此时	晨必盥	兼漱口	便溺回	辄净手
冠必正	纽必结	袜与履	俱紧切	置冠服	有定位	勿乱顿	致污秽
衣贵洁	不贵华	上循分	下称家	对饮食	勿拣择	食适可	勿过则
年方少	勿饮酒	饮酒醉	最为丑	步从容	立端正	揖深圆	拜恭敬
勿践阈	勿跛倚	勿箕踞	勿摇髀	缓揭帘	勿有声	宽转弯	勿触棱

执虚器　如执盈　入虚室　如有人　事勿忙　忙多错　勿畏难　勿轻略
斗闹场　绝勿近　邪僻事　绝勿问　将入门　问孰存　将上堂　声必扬
人问谁　对以名　吾与我　不分明　用人物　须明求　倘不问　即为偷
借人物　及时还　后有急　借不难

信

凡出言　信为先　诈与妄　奚可焉　话说多　不如少　惟其是　勿佞巧
奸巧语　秽污词　市井气　切戒之　见未真　勿轻言　知未的　勿轻传
事非宜　勿轻诺　苟轻诺　进退错　凡道字　重且舒　勿急疾　勿模糊
彼说长　此说短　不关己　莫闲管　见人善　即思齐　纵去远　以渐跻
见人恶　即内省　有则改　无加警　唯德学　唯才艺　不如人　当自砺
若衣服　若饮食　不如人　勿生戚　闻过怒　闻誉乐　损友来　益友却
闻誉恐　闻过欣　直谅士　渐相亲　无心非　名为错　有心非　名为恶
过能改　归于无　倘掩饰　增一辜

泛爱众

凡是人　皆须爱　天同覆　地同载　行高者　名自高　人所重　非貌高
才大者　望自大　人所服　非言大　己有能　勿自私　人所能　勿轻訾
勿谄富　勿骄贫　勿厌故　勿喜新　人不闲　勿事搅　人不安　勿话扰
人有短　切莫揭　人有私　切莫说　道人善　即是善　人知之　愈思勉
扬人恶　即是恶　疾之甚　祸且作　善相劝　德皆建　过不规　道两亏
凡取与　贵分晓　与宜多　取宜少　将加人　先问己　己不欲　即速已
恩欲报　怨欲忘　报怨短　报恩长　待婢仆　身贵端　虽贵端　慈而宽
势服人　心不然　理服人　方无言

亲仁

同是人　类不齐　流俗众　仁者希　果仁者　人多畏　言不讳　色不媚
能亲仁　无限好　德日进　过日少　不亲仁　无限害　小人进　百事坏

余力学文

不力行　但学文　长浮华　成何人　但力行　不学文　任己见　昧理真
读书法　有三到　心眼口　信皆要　方读此　勿慕彼　此未终　彼勿起

宽为限　紧用功　工夫到　滞塞通　心有疑　随札记　就人问　求确义

房室清　墙壁净　几案洁　笔砚正　墨磨偏　心不端　字不敬　心先病

列典籍　有定处　读看毕　还原处　虽有急　卷束齐　有缺坏　就补之

非圣书　屏勿视　蔽聪明　坏心志　勿自暴　勿自弃　圣与贤　可驯致

附录三　部分练习答案

第二章　入则孝

一、顺（shùn）　　宜（yí）　　敬（jìng）　　承（chéng）　　柔（róu）　　慎（shèn）
　返（fǎn）　　忧（yōu）　　德（dé）　　羞（xiū）　　谨（jǐn）　　伤（shāng）
　贻（yí）　　疾（jí）　　尝（cháng）　侍（shì）　　贤（xián）　　理（lǐ）
　悦（yuè）　　谏（jiàn）　　怡（yí）

二、略

三、恶（è）人　厌恶（wù）　好（hǎo）玩　爱好（hào）　省（xǐng）亲
　节省（shěng）

四、略

第三章　出则悌

一、退（tuì）　　趋（qū）　　忍（rěn）　　泯（mǐn）　　诸（zhū）
　尊（zūn）　　饮（yǐn）　　忿（fèn）　　距（jù）　　招（zhāo）
　遇（yù）　　怨（yuàn）　　恭（gōng）　　移（yí）　　兄（xiōng）

二、和：和平　　轻：轻视　　生：产生　　长：长辈
　幼：幼小　　见：见识　　即：立即　　迟：迟到

三、略

四、略

第四章　谨

一、漱（shù）　　履（lǚ）　　盈（yíng）　　顿（dùn）　　从容（cóng róng）
　醉（zuì）　　拜（bài）　　揖（yī）　　径（jìng）　　端正（duān zhèng）
　虚（xū）　　盥（guàn）　　抖（dǒu）　　循（xún）　　轻略（qīng lüè）
　纽（niǔ）　　邪僻（xié pì）　　箕踞（jī jù）　　模糊（mó hu）

二、略

三、1. ③⑥⑧④①⑤②⑦
　2. ⑤①⑧⑦④③⑥②

四、略

第五章　信

一、砺（lì）　　欣（xīn）　　谅（liàng）　　辜（gū）　　戚（qī）
　　跻（jī）　　诈（zhà）　　佞（nìng）　　诺（nuò）　　奚（xī）
　　苟（gǒu）　　焉（yān）　　警（jǐng）　　秽（huì）

二、略

三、1．⑧③①⑤⑥②④⑦
　　2．⑦⑤⑧①③②⑥④
　　3．⑥②③④⑤⑧⑦①

四、略

第六章　泛爱众

一、覆（fù）　　载（zài）　　訾（zī）　　慈（cí）　　勉（miǎn）　　建（jiàn）
　　恩（ēn）　　怨（yuàn）　　势（shì）　　愈（yù）　　祸（huò）　　理（lǐ）

二、略

三、1．⑤③②④⑦①⑧⑥
　　2．⑥①⑤④②⑦⑧③

四、略

第八章　　学文

一、贤（xián）　　砚（yàn）　　慕（mù）　　暴（bào）　　疑（yí）　　壁（bì）
　　浮（fú）　　弃（qì）　　致（zhì）　　籍（jí）　　昧（mèi）　　札（zhá）

二、略

三、1．⑥③⑤⑦④⑧②①
　　2．⑤⑦④⑧①⑥②③

后 记

　　我 20 世纪 80 年代中文系本科毕业，直到 2000 年，才第一次见到《弟子规》，从此，我就爱上了这本小书。

　　这么好的一本小书，《弟子规》却似乎在对外汉语教学中无法找到自己的位置，我一直不能接受这个现实。心有不甘就付诸行动，没有项目、没有资金支持，我还是开始了《弟子规》之旅，开始了使之在对外汉语这块土地上安家的尝试。

　　2009 年，教材还未正式出版，我便开始上《弟子规》的选修课，选课的大多为华裔子弟，一连多年，几乎每次都爆满。2012 年《新编弟子规》出版，随之而来我也有了一些遗憾。由于过多考虑语言难度，对《弟子规》删改幅度较大，全书对语言的关注较多，而文化、故事方面的挖掘和呈现较弱。特别是删改得有点过，有点对不住古人。

　　正是这份歉疚，促使我再次改编《弟子规》，于是就有了这本《世界华人弟子规》。从对《弟子规》原文的删改，到整本书的编写体例、内容、插图，全都是重搭台子另唱戏，而且文化点、相关故事，以及插图都增加了几倍。

　　这本书能够出版，我由衷感谢很多人：

　　感谢画家陈青，她的家庭、事业，里里外外事情一大堆，我猜她一定很后悔答应给这本书插画，但她坚持了下来，分文不取完成了 70 幅精美的手绘插图。

　　感谢陈文翔、李萍萍、罗芸三位研究生同学，她们协助我编写《世界华人弟子规》，预期在她们毕业前出版，现在只能给她们一份迟到的礼物了。

　　感谢暨南大学出版社的小陆兄、刘晶编辑，感谢他们对本书的精心编辑。

　　感谢北京华文学院李嘉郁教授、加拿大麦吉尔大学王仁忠教授，感谢他们百忙之中为本书作序。

　　感谢暨南大学华文学院/华文教育研究院的资金支持，使这本书得以出版。

　　最后，我最感谢的还是它——《弟子规》，它"叫"我爱，也"教"我爱，在爱的课程上，我还是初级班的学生。

王汉卫
2017 年 3 月 20 日于穗